Cologne Occasional Papers on International Peace and Security Law

Edited by
Claus Kreß

Number 2
May 2013

Cologne Occasional Papers on International Peace and Security Law

Björn Schiffbauer

Julian Assange und das Völkerrecht:
Aktuelle Fragen zum Schutz für und durch diplomatische Missionen

Bibliografische Information der Deutschen Nationalbibliothek

Die Deutsche Nationalbibliothek verzeichnet diese Publikation in der Deutschen Nationalbibliografie;
detaillierte bibliografische Daten sind im Internet über http://dnb.dnb.de abrufbar.

Bibliographic information published by the Deutsche Nationalbibliothek

The Deutsche Nationalbibliothek lists this publication in the Deutsche Nationalbibliografie;
detailed bibliographic data are available in the Internet at http://dnb.dnb.de.

Information bibliographique de la Deutsche Nationalbibliothek

La Deutsche Nationalbibliothek a répertorié cette publication dans la Deutsche Nationalbibliografie;
les données bibliographiques détaillées peuvent être consultées sur Internet à l'adresse http://dnb.dnb.de.

ISSN: 2196-0801 · ISBN: 978-3-732-23595-7

INSTITUTE FOR
INTERNATIONAL PEACE
AND SECURITY LAW

Dr. *Björn Schiffbauer* ist Wissenschaftlicher Mitarbeiter am *Institute for International Peace and Security Law* (Prof. Dr. *Claus Kreß* LL.M.), Universität zu Köln.

Ich möchte meinem verehrten Lehrer *Claus Kreß* sowie allen Beteiligten der Diskussionsrunde beim ersten juristischen „Internationalistenlunch" an der Universität zu Köln am 17. Januar 2013 herzlich für die wertvollen Impulse und Anregungen danken, die sich im Anschluss an meinen Vortrag zu dem hier behandelten Thema ergaben.

Inhalt

*„Never, ever become someone's victim
is a golden rule. "[1]*

A. Die Ausgangslage

Die Republik Ecuador gewährt dem australischen Staatsbürger und „Wikileaks"-Gründer *Julian Assange* unter der selbst gewählten Bezeichnung „diplomatisches Asyl" geschützten Aufenthalt in ihrer Botschaft in London, um ihn vor der drohenden Festnahme durch Behörden Großbritanniens und die anschließende Auslieferung an Schweden aufgrund eines europäischen Haftbefehls[2] zu schützen.[3] *Assange* befindet sich weiterhin[4] in der als Botschaft genutzten Erdgeschosswohnung eines Londoner Mietshauses, welche rund um die Uhr von vier britischen Polizisten und einem Einsatzwagen mit Videokameras überwacht wird.[5]

Diese hier als „Fall Assange" zusammengefassten Umstände führten zu schweren diplomatischen Zerwürfnissen zwischen Großbritannien[6] und Ecuador[7]. Seit dem 19. Juni 2012 hält sich *Assange* in der ecuadorianischen Botschaft auf. Den Rechtsweg gegen die britische Entscheidung, dem schwedischen Auslieferungsgesuch zu entsprechen, hatte *Assange* zuvor in Großbritannien erfolglos ausgeschöpft. Nach eigenen Angaben sei er politisch verfolgt. In diesem Zusammenhang befürchte er

u.a., später von Schweden an die USA ausgeliefert zu werden, wo ihm ein Strafverfahren wegen Landesverrats drohe, welches schlimmstenfalls zu einer Verurteilung zum Tode führen könne. Um angesichts dessen seine Auslieferung von Großbritannien an Schweden zu verhindern, bat er die ecuadorianische Regierung um Asyl, welches ihm am 16. August 2012 gewährt wurde. Presseberichten zufolge habe das britische Außenministerium sodann in einer diplomatischen Note damit gedroht, *Assanges* notfalls auch auf dem Botschaftsgelände Ecuadors gewaltsam habhaft zu werden;[8] diese Interpretation der Note wies Außenminister *Hague* jedoch später zurück.[9] Gleichwohl sahen sich die übrigen lateinamerikanischen Staaten angesichts des diplomatischen Zerwürfnisses dazu veranlasst, ihre Unterstützung zu Gunsten Ecuadors zum Ausdruck zu bringen und die (vermeintliche) Androhung von Gewalt durch Großbritannien zu verurteilen.[10]

Vor diesem Hintergrund stellen sich zahlreiche völkerrechtliche Fragen, die sich auch über den „Fall Assange" hinaus auf weitere – und womöglich anders gelagerte – Fälle möglichen diplomatischen Asyls übertragen lassen. Dieser Beitrag möchte entsprechende Antworten geben und entsprechende Möglichkeiten aufzeigen, dem diplomatischen Konflikt zu begegnen. Dazu werden zunächst der von Ecuador vorrangig in Bezug genommene Themenkomplex des diplomatischen Asyls und dessen Auswirkungen auf den „Fall Assange" erörtert (B.). Sodann werden unabhängig davon weitere Möglichkeiten Ecuadors und *Assan-*

---

[1] *Julian Assange,* überliefert am 18.02.2013, http://theconversation.edu.au/lunch-and-dinner-with-julian-assange-in-prison-12234.

[2] Der Europäische Haftbefehl als solcher sowie der spezielle Verfahrensgang im „Fall Assange" sollen hier nicht näher erörtert werden, siehe dazu aber *Marauhn/Simon*, ZJS 2012, S. 593 ff.

[3] Für tatsächliche Einzelheiten vgl. die Berichterstattung z.B. bei *Spiegel-Online*, http://www.spiegel.de/thema/julian_assange, sowie in *Der Spiegel* Nr. 43/2012, S. 108 ff. und zuletzt *Der Spiegel* Nr. 1/2013, S. 90.

[4] Die tatsächlichen Ausarbeitungen zu *Assange* beruhen auf dem letzten Sachstand vom 6. Mai 2013.

[5] So die jüngsten Feststellungen des Philosophen *Alexandre Lacroix*, der u.a. für *Die Zeit* ein Interview mit *Assange* führte, *Die Zeit* Nr. 18/2013 (25.04.2013), S. 45 f.

[6] Vgl. die Stellungnahme des britischen Außenministeriums vom 16.08.2012, http://www.fco.gov.uk/en/news/latest-news/?view=News&id=800710782.

[7] Vgl. die ausführliche – einem Loblied auf Meinungsfreiheit, Informationsfreiheit und Menschenrechtsschutz gleichkommende – Stellungnahme des ecuadorianischen Außenministeriums vom 16.08.2012, Comunicado No. 042, http://www.mmrree.gob.ec/2012/com042.asp (Volltext im Anhang dieses Beitrags unter F.I.).

[8] So etwa die *BBC* am 16.08.2012, http://www.bbc.co.uk/news/world-19259623, welche u.a. folgenden Inhalt der Note zitiert: „We very much hope not to get this point [revoking diplomatic status], but if you cannot resolve the issue of Mr Assange's presence on your premises, this route is open to us."

[9] Insoweit scheinen innerhalb des britischen Außenministeriums unterschiedliche Auffassungen zu herrschen. Zumindest einige Rechtsexperten des Ministeriums vertreten wohl entgegen *Hague* weiterhin die Meinung, ein Gewalteinsatz auf dem ecuadorianischen Botschaftsgelände könnte durch den *Diplomatic and Consular Premises Act 1987* nach britischem Recht gedeckt sein, so *The Independent* vom 18.08.2012, http://www.independent.co.uk/news/uk/politics/hague-ignored-lawyers-to-send-assange-threat-note-8060061.html. Dazu Näheres unten unter D.

[10] Im Einzelnen *Spiegel-Online* vom 20.08.2012, http://www.spiegel.de/politik/ausland/wikileaks-gruender-assange-suedamerikanische-staaten-unterstuetzen-ecuador-a-850902.html.

ges durchgespielt, aus dem Konflikt erfolgreich hervorzugehen (C.). Schließlich ist nach der völkerrechtlichen Diskussion auf womöglich entgegenstehendes britisches Recht einzugehen (D.).

B. Schutz durch diplomatisches Asyl

Unter diplomatischem Asyl[11] versteht man den Schutz, den der Entsendestaat (hier: Ecuador) einer Person[12] (*Assange*) im Ausland auf dem Grundstück seiner diplomatischen Mission gewährt, um diese Person vor einem Zugriff des Empfangsstaates (Großbritannien) zu bewahren.[13] Exakt eine solche Konstellation liegt im Verhältnis zwischen Ecuador und Großbritannien im „Fall Assange" vor.

I. Historische Entwicklung und aktuelle Bedeutung

Die rechtliche Bewertung des diplomatischen Asyls als Institut ist nicht unumstritten. Früher, etwa bis zum 19. Jahrhundert, als diplomatische Grundstücke nach dem Prinzip der Extraterritorialität völkerrechtlich noch als Staatsgebiet des Entsendestaates betrachtet wurden, galt diplomatisches Asyl als völkerrechtskonform, weil es lediglich legitimer Ausdruck der Ausübung territorialer Staatsgewalt war.[14]

Heute jedoch, im modernen Völkerrecht, zählt auch das Grundstück der diplomatischen Mission zum Staatsgebiet des Empfangsstaates. Das Botschaftsgelände ist nunmehr nur durch das völker-

rechtliche Prinzip der Unverletzlichkeit der Mission (insbesondere gemäß Art. 22 des Wiener Übereinkommens über diplomatische Beziehungen – WÜD, gleichfalls durch Völkergewohnheitsrecht) vor Zugriffen des Empfangsstaates geschützt.[15] Das Prinzip der Unverletzlichkeit der Mission wird heute funktionell begründet; d.h. es beruht auf dem Gedanken, dass die Funktion diplomatischer Beziehungen nur bei unbedingter Autonomie der einzelnen Missionen erfüllt werden kann und deshalb im internationalen Beziehungsgeflecht unerlässlich ist. Das Prinzip der Unverletzlichkeit der Mission (wenn man so will eine Art qualifiziertes Hausrecht) aber gestattet dem Entsendestaat gerade nicht die Ausübung territorialer Staatsgewalt im Empfangsstaat,[16] sondern garantiert nur (aber immerhin) weitreichende Schutzpflichten des Empfangsstaates zu Gunsten der Missionsgrundstücke.[17] Aus diesem völkerrechtlichen Perspektivwechsel folgt, dass das Institut des diplomatischen Asyls im Gegensatz zum früheren Verständnis als Verstoß gegen das Interventionsverbot gemäß Art. 2 Ziff. 7 SVN zu Lasten des Empfangsstaates zu bewerten ist[18] und deshalb heute im Grundsatz gerade nicht mehr mit der klassischen Begründung als völkerrechtskonform bewertet werden kann.[19] Auch der Internationale Gerichtshof (IGH) stellte bereits 1950 im sog. „Asyl-Fall" zwischen Kolumbien und Peru fest, dass die Gewährung diplomatischen Asyls besonders gerechtfertigt werden muss.[20] Eine tatbestand-

---

[11] Zu weiteren Abgrenzungen aus moderner Sicht siehe *Klepper*, Diplomatisches Asyl, Frankfurt a.M. 2008, S. 4 f.; vgl. früher zu diesem Thema bereits *Kitschenberg*, Das Diplomatische Asyl, Köln, Univ., Diss. 1965.

[12] Es wird davon ausgegangen, dass diese Person nicht Staatsangehöriger des Entsendestaates ist, andernfalls können sich unterschiedliche Konsequenzen ergeben, die für diesen Beitrag jedoch nicht beachtlich sind; dazu näher *Klepper* (oben Fn. 11), S. 113 ff.

[13] Vgl. *Hailbronner/Kau*, in: Graf Vitzthum, Völkerrecht, 5. Aufl., Berlin 2010, 3. Abschn., Rn. 74 f.; *Randelzhofer*, in: Maunz-Dürig, GG, Art. 16a (49. Lfg.), Rn. 17; *Shah*, Asylum, Diplomatic, Rn. 1, in: Max Planck Encyclopedia of Public International Law, http://mpepil.com.

[14] *d'Aspremont*, Premises of Diplomatic Missions, Rn. 1 ff., in: Max Planck Encyclopedia of Public International Law, http://mpepil.com; *Klepper* (oben Fn. 11), S. 2; *Shah* (oben Fn. 13), Rn. 2 ff.

[15] Im Überblick dazu *Denza*, Diplomatic Law, 3rd Edition, Oxford 2008, S. 135 ff.; ferner statt vieler *Hailbronner/Kau* (oben Fn. 13), Rn. 56, sowie *Stein/von Buttlar*, Völkerrecht, 13. Aufl. 2012, Rn. 735 ff.

[16] *Richtsteig*, Wiener Übereinkommen über diplomatische und konsularische Beziehungen, 2. Aufl., Baden-Baden 2010, S. 46.

[17] Unter die nach Art. 22 WÜD geschützten „premises of the mission" gehören gemäß der Definition in Art. 1 lit. (i) WÜD das Botschaftsgelände sowie die Residenz des Missionschefs, siehe auch *Denza* (oben Fn. 15), S. 20 ff. Gleichen Schutz genießen die Wohnungen der übrigen Missionsmitglieder über Art. 30 WÜD; diese separate Regelung mag wohl deshalb bestehen, weil sich der darin begründete Schutz nicht allein über das funktionelle Verständnis des Schutzes des Missionsgeländes selbst herleiten lässt, dazu näher *Denza* (oben Fn. 15), S. 270 ff.

[18] *Klepper* (oben Fn. 11), S. 22.

[19] *Randelzhofer* (oben Fn. 13), Rn. 18.

[20] IGH, Urt. v. 20.11.1950 („Asylum Case"), ICJ Reports 1950, S. 266 ff. (274). Der Fall befasst sich mit der Situation des peruanischen Staatsbürgers *Victor Raúl Haya de la Torre*, der nach einem gescheiterten Putschversuch als sodann politisch Verfolger Zuflucht in der kolumbianischen

liche Ausnahme könnte allenfalls bei dem Spezialfall des humanitären Asyls bestehen, welches deshalb nun vorgeschaltet geprüft werden soll.

II. Humanitäres Asyl

Sog. humanitäres Asyl[21] schließt bei Einschlägigkeit nach wohl herrschender Auffassung sogar schon einen Verstoß gegen das Interventionsverbot selbst aus und ist deswegen kein Rechtfertigungsgrund.[22] Unabhängig von solchen eher theoretischen Zuordnungsfragen versteht man unter dieser Bezeichnung den Schutz von Personen vor direkter Verfolgung im Empfangsstaat. Zu denken ist beispielsweise an einen Schutz vor einem staatlich nicht kontrollierbaren lynchenden Mob,[23] wie er sich etwa durch die Geschehnisse in und um die US-amerikanische Botschaft 1979 in Teheran im völkerrechtsgeschichtlichen Gedächtnis verewigt hat.[24] Des Weiteren kann Schutz vor dem Zugriff des Empfangsstaates selbst aufgrund Nichteinhaltung eines menschenrechtlichen Mindeststandards gewährt werden.[25] Auch vor diesem Hintergrund könnte die Stellungnahme Ecuadors beachtlich

sein.[26] Da humanitäres Asyl bei Vorliegen von und gleichzeitigem Verstoß gegen Normen des allgemein gültigen Menschenrechtsschutzes als völkerrechtskonform betrachtet wird,[27] wäre für den „Fall Assange" grundsätzlich zu erörtern, ob Großbritannien gegen solche Normen verstoßen hat und welche Folgen sich aus einem solchen möglichen Verstoß im Verhältnis zu Ecuador ergeben.

1. Menschenrechtsverletzung

Angesichts der Tatsache, dass *Assange* vor seiner Flucht in die ecuadorianische Botschaft in Großbritannien – einem Staat, der Verstößen gegen das Rechtsstaatsprinzip grundsätzlich eher unverdächtig erscheint – umfassenden Rechtsschutz in seinem Auslieferungsverfahren über mehrere Instanzen in Anspruch genommen hatte und gleichwohl unterlag, birgt bereits deutliche Indizien dafür, dass zumindest der notwendige Menschenrechtsstandard eingehalten wurde. Eine Verletzung eines *erga omnes* wirkenden Menschenrechts, welche sicher zur Gewährung humanitären Asyls berechtigen würde, ist hier tatsächlich nicht ersichtlich.

In den betreffenden vorliegenden Verfahren ging es ferner lediglich um eine mögliche Auslieferung nach Schweden, welche isoliert betrachtet keine menschenrechtlichen Probleme aufwirft. Erst eine drohende Weiterlieferung von Schweden in die USA könnte den Fall in einem anderen Licht erscheinen lassen, wenn *Assange* dort die Todesstrafe droht.[28] Die Verhängung der Todesstrafe gilt jedenfalls innerhalb der Mitgliedstaaten des Europarats nach dem 6. Zusatzprotokoll zur EMRK als menschenrechtswidrig. Gleiches gilt nach ständiger Rechtsprechung des EGMR seit dem *Soering*-Urteil von 1989 auch für Auslieferungen in einen Staat, in welchem eine solche droht.[29] In derartigen Fällen wird wegen des sog. „Todeszellensyndroms" jedenfalls das Verbot unmenschlicher oder erniedrigen-

---

Botschaft in Lima suchte, wo ihm diplomatisches Asyl gewährt wurde. Eingehend dazu bereits *Kitschenberg* (oben Fn. 11), S. 33 ff.

[21] *Randelzhofer* (oben Fn. 13), Rn. 19; *Shah* (oben Fn. 13), Rn. 10.

[22] *Klepper* (oben Fn. 11), S. 105.

[23] Solche Konstellationen werden zum Teil unter dem Begriff „zeitweilige Zuflucht" geführt, vgl. z.B. *Richtsteig* (oben Fn. 16), S. 47; näher bereits *Kitschenberg* (oben Fn. 11), S. 7 ff., der diese Konstellation nicht als diplomatisches Asyl versteht.

[24] Am 4. November 1979 wurde die US-Botschaft von fanatischen Anhängern der islamischen Revolution gestürmt und deren Angehörige insgesamt 444 Tage lang als Geiseln festgehalten, vgl. dazu auch den „Teheraner Geisel-Fall" vor dem IGH, Urt. v. 24.05.1980 („United States Diplomatic and Consular Staff in Tehran"), ICJ Reports 1980, S. 3 ff. Einer kleinen Gruppe des Botschaftspersonals gelang jedoch unerkannt die Flucht und spätere Zuflucht in der Residenz des kanadischen Botschafters, der ihnen diplomatisches Asyl in Form des humanitären Asyls gewährte. Nähere (lesenswerte und spannende) Einzelheiten finden sich bei *Joshuah Bearman* im Magazin *Wired* vom 24.04.2007, http://www.wired.com/magazine/2007/04/feat_cia/, worauf auch der mit drei Oscars und zwei Golden Globes ausgezeichnete Hollywood-Film „Argo" aus dem Jahr 2012 beruht.

[25] Ausführlich dazu *Klepper* (oben Fn. 11), S. 88 ff.

---

[26] Insbesondere hinsichtlich der Bemühung allgemeingültigen Menschenrechtsschutzes, siehe oben unter B.II.3. sowie Fn. 54.

[27] Genauer dazu *Klepper* (oben Fn. 11), S. 111; zurückhaltend *Randelzhofer* (oben Fn. 13), Rn. 19.

[28] Dazu näher *Marauhn/Simon* (oben Fn. 2), S. 594 f.

[29] Seit EGMR, Urt. v. 07.07.1989 – Nr. 1/1989/161/217 („Soering").

der Behandlung nach Art. 3 EMRK verletzt.[30] Bislang existiert jedoch nicht einmal ein Auslieferungsersuchen seitens der USA. Auch erklärte Schweden selbst, jedenfalls bei einer *Assange* drohenden Verurteilung zum Tode in den USA eine Auslieferung dorthin keinesfalls zu veranlassen.[31] Schon deshalb erlischt das Hauptargument *Assanges* für die Gewährung diplomatischen Asyls aus humanitären Gründen.[32]

Doch selbst wenn es ein US-amerikanisches Auslieferungsgesuch gäbe und Schweden diesem zu entsprechen bereit wäre, fragt sich, ob dies die Rechtslage in Ansehung Großbritanniens ändern könnte. Bislang existiert keine höchstrichterliche Rechtsprechung zu der Frage, ob eine Auslieferung in einen europäischen Staat, von welchem aus dann eine Weiterlieferung mit menschenrechtswidrigen Folgen drohen könnte, auch gegen die EMRK verstößt. Ein entsprechendes Urteil dürfte allerdings negativ ausfallen, weil dem von der ersten Auslieferung Betroffenen (hier also von Großbritannien nach Schweden) im Zielstaat sämtlicher Rechtsschutz gegen eine mögliche Weiterlieferungsentscheidung – bis hin zum EGMR – offensteht. In einem solchen Verfahren müsste dann am Maßstab der *Soering*-Rechtsprechung die Weiterlieferung versagt werden, während auf vorgeschalteter Ebene – hier also in Großbritannien – ein entsprechendes Rechtsschutzinteresse fehlen dürfte. Eine Menschenrechtsverletzung durch Großbritannien kommt auch angesichts dessen hier nicht in Betracht.

2. Folgen bei Verletzungen (nur) regional geltender Menschenrechte

Unterstellt man trotz Allem weiterhin, dass bereits eine Auslieferung *Assanges* von Großbritannien nach Schweden die EMRK verletzen würde, muss schließlich noch die Frage gestellt werden, ob dies einen Staat wie Ecuador dazu berechtigen würde, humanitäres Asyl zu gewähren. Ecuador

nämlich unterliegt zum einen nicht dem Anwendungsbereich der EMRK, zum anderen existiert kein allgemeiner Völkerrechtssatz dahingehend, dass eine Auslieferung bei drohender Todesstrafe menschenrechtswidrig wäre. Ein damit korrespondierendes Recht, deshalb die Überstellung eines Betroffenen zu verweigern, besteht nach allgemeinem Völkerrecht folglich nicht. Genau dies versucht Ecuador aber in seiner Stellungnahme vom 16. August 2012 zu suggerieren, indem es sich auf *erga omnes* gültige Menschenrechtsvereinbarungen beruft, dabei aber nur das Recht auf Asyl konkret benennt, ohne auf eine für den Einzelfall erforderliche Grundlage des Asylrechts einzugehen.[33] Damit scheint sich Ecuador tatsächlich (nur) den regionalen europäischen Menschenrechtsschutz der EMRK zu eigen zu machen, welchem es selbst nicht verpflichtet ist. Angesichts dessen könnte zweifelhaft sein, ob Ecuador dann das Recht zusteht, sich auf die EMRK zu berufen. Wäre dem so, müsste Ecuador auch ein Recht zustehen, die Überstellung *Assanges* zu verweigern. Denn auch lediglich regionaler Menschenrechtsschutz (wie hier durch die EMRK) dient als hinreichende Rechtsgrundlage zur Gewährung humanitären Asyls, soweit kein konkurrierendes Recht entgegensteht. Andernfalls würde die effektive Umsetzung eines regional geschlossenen Regimes ausgehöhlt. Da die hier beteiligten Akteure jedoch nicht sämtlich EMRK-Vertragsstaaten sind, könnte als dazu konkurrierendes Recht hier der grundsätzlich geringere Schutzstandard des allgemeinen Völkerrechts betrachtet werden, aus welchem sich ein entsprechendes Überstellungsverweigerungsrecht gerade nicht ableiten lässt.

Jedoch ist Ecuador (im Gegensatz zu den USA) Mitgliedstaat der Amerikanischen Menschenrechtskonvention (AMRK), die in Art. 4 Ziff. 4 besagt,

---

[30] *Marauhn/Simon* (oben Fn. 2), S. 595 m.w.N., auch unter Einbeziehung von Art. 19 Abs. 2 der Charta der Grundrechte der EU.

[31] Vgl. z.B. *Spiegel-Online* vom 21.08.2012, http://www.spiegel.de/politik/ausland/schweden-will-julian-assange-nicht-in-todeszelle-ausliefern-a-851113.html.

[32] *Assange* behauptet im *Zeit*-Interview mit *Lacroix* (oben Fn. 5) allerdings, Schweden weigere sich eine solche „Garantie" zu geben.

[33] Im Original: „[...] Es innegable que los Estados, al haber contraído en tan numerosos y sustantivos instrumentos internacionales – muchos de ellos jurídicamente vinculantes – la obligación de brindar protección o asilo a las personas perseguidas por motivos políticos, han expresado su voluntad de establecer una institución jurídica de protección de los derechos humanos y de las libertades fundamentales, fundada en una práctica generalmente aceptada como derecho, lo que atribuye a dichas obligaciones un carácter imperativo, *erga omnes* que, por estar vinculadas al respeto, protección y desarrollo progresivo de los derechos humanos y libertades fundamentales, forman parte del *ius cogens.* [...]", oben Fn. 7.

dass die Todesstrafe jedenfalls nicht für politische Straftaten verhängt werden darf.[34] Aus der Zusammenschau von Art. 4 und dem Justizgrundrechte verbürgenden Art. 1 Ziff. 1 AMRK ergibt sich nach Rechtsprechung des Interamerikanischen Gerichtshofs für Menschenrechte zudem, dass die Auslieferung einer Person an einen Staat, in welchem jener die Todesstrafe droht, rechtswidrig ist.[35] Damit ist auch Ecuador einem regionalen Menschenrechtsregime unterworfen, das bei drohender Todesstrafe (nicht nur, aber erst recht) wegen Landesverrats (einer politischen Straftat wie im „Fall Assange") eine Auslieferung an die USA untersagt. Der interamerikanische Standard ist also insoweit dem europäischen zumindest sehr ähnlich. Unter diesen Voraussetzungen wäre Ecuador zur Gewährung humanitären Asyls nach der AMRK selbst dann berechtigt und verpflichtet, wenn es außerhalb des amerikanischen Kontinents agiert, weil in diesem Fall keine konkurrierende Rechtslage im regionalen Menschenrechtsschutz besteht. Eine solche Schutzpflicht (etwa im Falle drohender unmenschlicher Behandlung gemäß Art. 3 EMRK)[36] hätte etwa auch die Bundesrepublik Deutschland mit einer Vertretung im außereuropäischen Ausland, weil sie bei diplomatischer oder konsularischer Tätigkeit

dort zugleich Hoheitsgewalt (wenn auch nicht territorialer Art) i.S.v. Art. 1 EMRK ausübt.[37]

Diese Sonderkonstellation zweier (teilweise) inhaltsgleicher, parallel laufender regionaler Menschenrechtsregime lässt sich freilich nicht generalisieren. Deswegen ist für sonstige Fälle mit Beteiligung anderer Staaten grundsätzlich zu fragen, ob sich ein Drittstaat, der eine diplomatische Mission auf dem Gebiet (z.B.) eines europäischen Staates unterhält, dort auch den Menschenrechtsschutz (z.B.) der EMRK zu eigen machen darf oder er sich im Gegenteil bei fehlender eigener Verpflichtung dem Vorwurf eines widersprüchlichen Verhaltens aussetzt. Ein wenig Licht ins Dunkel kann dabei eine hypothetische Abwandlung und Verlagerung des „Falles Assange" etwa nach Asien verschaffen. Der Einfachheit halber soll davon ausgegangen werden, dass sich *Assange* in China befindet, er dort per Haftbefehl gesucht wird und ihm bei einer Ergreifung und Verurteilung die Todesstrafe droht. Weiterhin wird angenommen, er entkommt den chinesischen Behörden und flieht zur Abwechslung in die deutsche Botschaft in Peking. Hier käme die soeben beschriebene EMRK-Schutzpflicht der Bundesrepublik Deutschland zum Tragen, aufgrund derer diese *Assange* nicht an die chinesischen Behörden überstellen dürfte. Hätte sich hingegen *Assange* in der Adresse geirrt und wäre deshalb versehentlich beispielsweise in die mongolische statt die deutsche Botschaft geflohen, käme ihm kein der EMRK entsprechender Schutz zu, weil sich die Mongolei (soweit ersichtlich) keinem vergleichbaren regionalen Menschenrechtsregime unterworfen hat. Beriefe sich diese gleichwohl auf die EMRK, um eine Überstellung zu verhindern, machte sie sich die Schutzpflicht der EMRK gleichzeitig zu eigen, weil ersichtlich kein vertraglicher Anwendungsfall gemäß Art. 1 EMRK vorläge.[38] Die Mongolei würde so in einem völkerrechtlichen Einzelfall ihrer sich selbst gegebenen Rechtslage, also einem zuvor verbindlich festgelegten und vom Vertrauensschutz umfassten Umstand,

---

[34] Im Original: „En ningún caso se puede aplicar la pena de muerte por delitos políticos ni comunes conexos con los políticos."

[35] Zwar ist zum Themenkomplex „Auslieferungen bei drohender Todesstrafe" – soweit ersichtlich – erst ein Verfahren vor dem Interamerikanischen Gerichtshof für Menschenrechte anhängig, nämlich die Sache *Wong Ho Wing vs. Peru (2010)*. Im Wege des vorläufigen Rechtsschutzverfahrens stellte das Gericht aber wiederholt unmissverständlich klar, dass die Auslieferung einer Person bei drohender Todesstrafe rechtswidrig ist, so die Beschlüsse vom 28.05.2010, http://www.corteidh.or.cr/docs/medidas/wong_se_02.pdf, Entscheidungsgründe („Considerando"), Ziff. 9; vom 04.03.2011, http://www.corteidh.or.cr/docs/medidas/wong_se_04.pdf, Entscheidungsgründe („Considerando"), Ziff. 14; vom 26.06.2012, http://www.corteidh.or.cr/docs/medidas/wong_se_08.pdf, Entscheidungsgründe („Considerando"), Ziff. 32; vom 06.12.2012, http://www.corteidh.or.cr/docs/medidas/wong_se_09.pdf, Entscheidungsgründe („Considerando"), Ziff. 4; sowie zuletzt vom 13.02.2013, http://www.corteidh.or.cr/docs/medidas/wong_se_10.pdf, Entscheidungsgründe („Considerando"), Ziff. 4.

Gedankt für die entsprechende Recherche sei an dieser Stelle Frau *Elena Portilla Odlianitskaya*, Wissenschaftliche Mitarbeiterin am Interamerikanischen Gerichtshof für Menschenrechte.

[36] *Meyer-Ladewig*, Europäische Menschenrechtskonvention, 3. Aufl., Baden-Baden 2011, Art. 3, Rn. 9.

[37] Vgl. *Meyer-Ladewig* (oben Fn. 36), Art. 1, Rn. 7; EGMR, Urt. v. 12.12.2001 – Nr. 52207/99 („Bankovic"), insbesondere Ziff. 73.

[38] Dies ergibt sich aus Art. 1 EMRK, der unmissverständlich nur Vertragsparteien in den Anwendungsbereich einschließt – unabhängig von der Staatsbürgerschaft der zu schützenden Person, siehe auch *Meyer-Ladewig* (oben Fn. 36), Art. 1, Rn. 16.

widersprechen. Ein solcher Fall von *venire contra factum proprium* würde aber zur Nichtigkeit der widersprüchlichen Handlung[39] und folglich zu einer weiterhin bestehenden Überstellungspflicht des Entsendestaates (hier: der Mongolei) führen.

Diese beiden eindeutig lösbaren fiktiven Einzelfälle – „EMRK-Staat *außerhalb* territorialen EMRK-Schutzes" (Berufung auf EMRK) *versus* „Drittstaat *außerhalb* territorialen EMRK-Schutzes" (keine Berufung auf EMRK) – führt zu der eingangs diskutierten Konstellation in der Schnittmenge dieser beiden Extrema: „Drittstaat *innerhalb* territorialen EMRK-Schutzes". Konkret stellte sich also in einer weiteren fiktiven Fallvariante die Frage, ob die Mongolei, in deren (nunmehr) Londoner Botschaft sich *Assange* zum Schutz vor drohenden britischen Menschenrechtsverletzungen aufhalten möge, diesen an Großbritannien zu überstellen verpflichtet wäre. Dem eben noch plausiblen Gedanken des *venire contra factum proprium* könnte hier entgegenstehen, dass sich *Assange* weiterhin auf britischem Territorium befindet und ihm damit der Schutz der EMRK zu Gute kommen könnte.[40] Adressat gemäß Art. 1 EMRK wären zwar weiterhin nur „die Hohen Vertragsparteien" (also u.a. Großbritannien, nicht aber die Mongolei), jedoch würde hier gerade die in Betracht kommende „Hohe Vertragspartei" gegen die EMRK verstoßen wollen, wenn sie denn könnte. Hier könnte die Mongolei einspringen und als Geschäftsführerin ohne Auftrag für Großbritannien dessen EMRK-Pflichten erfüllen.[41] Jedenfalls aus allgemeinen Rechtsgrundsätzen heraus sind die der Geschäftsführung ohne Auftrag zu Grunde liegenden Gedanken auf das Völkerrecht übertragbar.[42] Für Fälle des humanitären Asyls bedeutete dies, dass der Entsendestaat ein Geschäft des Empfangsstaates (nämlich den Menschenrechtsschutz) mit

Fremdgeschäftsführungswillen führt.[43] An letzterem kann schon gezweifelt werden, wenn sich der Entsendestaat nicht ausdrücklich auf die eigentlich dem Empfangsstaat obliegende Verpflichtung beruft, weil der Entsendestaat sonst wieder an seiner eigenen entgegenstehenden Rechtslage gemessen werden müsste. Unterstellt man aber einen Fremdgeschäftsführungswillen, ist zwischen berechtigter und unberechtigter Geschäftsführung zu unterscheiden. Eine berechtigte Geschäftsführung wird hier nie anzunehmen sein, weil stets der Wille des Empfangsstaates – wie in diesem Beispiel jener Großbritanniens – entgegenstünde. Die unberechtigte Geschäftsführung hingegen ist allenfalls restriktiv anzuwenden, weil bei einem Handeln gegen den Willen des Geschäftsherren (und Empfangsstaates) in dessen Hoheitsrechte eingegriffen wird. Auf diese Weise könnte sich jeder beliebige Staat zum Wächter der Völkerrechtsordnung jenseits der für einzelne Staaten allein dazu hergebrachten Institute von Selbstverteidigungsrecht und Notstand gerieren.[44] Die Herleitung der Geschäftsführung ohne Auftrag aus der gemäß Art. 38 Abs. 1 lit. c IGH-Statut subsidiären Völkerrechtsquelle der allgemeinen Rechtsgrundsätze ist nicht geeignet, solch weitläufige Folgen mit erhöhter Missbrauchsgefahr zu erzeugen, zumal diese Tragweite nicht mehr von der Allgemeinheit der Rechtsgrundsätze gedeckt sein dürfte. Ihr steht weiterhin das weit gefestigtere und in Art. 2 Ziff. 7 SVN verbriefte Interventionsverbot entgegen.[45] Damit kann sich im Beispielsfall ein Drittstaat wie die Mongolei auch nicht auf Geschäftsführung ohne Auftrag zur Geltendmachung des Menschenrechtsschutzes der EMRK auf britischem Territorium berufen, sondern würde weiter widersprüchliches Verhalten an den Tag legen. Drittstaaten können folglich allgemein nicht als Sachwalter regionalen Menschenrechtsschutzes auftreten, wenn sie nicht selbst einer vergleichbaren Schutzverpflichtung unterworfen sind.

Für den „Fall Assange" folgt daraus: Hielte Ecuador nicht die „Trumpfkarte" der AMRK in den Händen, wäre die Gewährung diplomatischen Asyls für *Assange* selbst dann rechtswidrig, wenn seine

---

[39] *Cottier/Müller*, Estoppel, Rn. 2, in: Max Planck Encyclopedia of Public International Law, http://mpepil.com.

[40] Es wird weiterhin – entgegen der Rechtslage im „Fall Assange", siehe oben – unterstellt, dass eine Überstellung nach der EMRK rechtswidrig wäre.

[41] Die Rechtsfigur der Geschäftsführung ohne Auftrag fristet im Völkerrecht ein Schattendasein, ist jedoch nicht unbeachtlich; dazu eingehend *Herdegen*, Zur Geschäftsführung ohne Auftrag (negotiorum gestio) im Völkerrecht, in: Hailbronner/Ress/Stein (Hrsg.), Staat und Völkerrechtsordnung – Festschrift für Karl Doehring, Berlin 1989, S. 303 - 321.

[42] *Herdegen* (oben Fn. 41), S. 312 ff., zur fehlenden Grundlage im Völkergewohnheitsrecht *ibid.*, S. 307 ff.

[43] *Herdegen* (oben Fn. 41), S. 319 f.

[44] *Herdegen* (oben Fn. 41), S. 320 f.

[45] *Herdegen* (oben Fn. 41), S. 321, bringt es auf den Punkt: „Die Geschäftsführung ohne Auftrag würde dann zur Zauberformel für eine Erosion des Interventionsverbots pervertiert."

Auslieferung an Schweden gegen die EMRK verstoßen würde.

Doch selbst wenn man weiterhin auf der Linie *Assanges* und Ecuadors von einer (bevorstehenden) Menschenrechtsverletzung durch Großbritannien in Form der Auslieferung *Assanges* an Schweden ausgehen wollte, hätte *Assange* vor seiner Aufnahme in der Botschaft Ecuadors Rechtsschutz beim EGMR suchen können (und könnte dies auch weiterhin). Dies wünschte er augenscheinlich (und mutmaßlich angesichts mangelnder Erfolgsaussichten) jedoch gerade nicht. Ein somit selbst verschuldeter – jedenfalls konkludenter – Verzicht auf höchstgerichtlich überprüften Menschenrechtsschutz bei gleichzeitiger Botschaftsflucht deutet zugleich auf einen Missbrauch des restriktiv zu handhabenden humanitären Asyls hin und erscheint deshalb wenig geeignet, dieses Institut zur Anwendung zu bringen. Folglich kann auch das grundsätzlich anerkannte Institut des humanitären Asyls hier zur Gewährung diplomatischen Asyls durch Ecuador auch deshalb nicht zur Anwendung gelangen.

III. Rechtfertigungsansätze

Jenseits des humanitären Asyls bleibt es aber möglich, die grundsätzlich rechtswidrige Gewährung diplomatischen Asyls aus besonderen Gründen als völkerrechtlich legal zu qualifizieren, nämlich bei Vorliegen einer Ausnahme von dem dadurch grundsätzlich vorliegenden Verstoß gegen das Interventionsverbot. Allgemein gültiges Völkervertragsrecht[46] existiert hierzu jedoch ebenso wenig wie spezifisches Völkergewohnheitsrecht.[47] Folgende weitere Rechtfertigungsansätze unter Rückgriff auf andere Prinzipien werden jedoch unter Völkerrechtlern diskutiert:

1. Zustimmung

Selbstredend ist bei Zustimmung des Empfangsstaates von der Rechtmäßigkeit diplomatischen Asyls auszugehen.[48] Eine solche liegt aber weder im „Fall Assange" vor, noch wird sie bei lebensna-

her Betrachtung jemals überhaupt einmal relevant sein – denn dann wäre auch die Gewährung diplomatischen Asyls selbst obsolet.

2. Prinzip der Unverletzlichkeit der Mission

Weiterhin ist an das Prinzip der Unverletzlichkeit der Mission als möglicher Rechtfertigungsgrund zu denken. Diesem Ansatz stehen jedoch Art. 41 Ziff. 3 WÜD sowie gleichlautendes Völkergewohnheitsrecht entgegen, wonach die Räumlichkeiten der Mission nicht zu solchen Zwecken benutzt werden dürfen, die den Aufgaben der Mission widersprechen.[49] Da aber – wie bereits erwähnt – die Gewährung diplomatischen Asyls nach heutiger Sicht einen Verstoß gegen das Interventionsverbot begründet, kann dies nicht in den Aufgabenbereich der Mission fallen.[50] Zudem würde einem solchen Rechtfertigungsgrund auch das heutige funktionale Verständnis des Missionsschutzes widersprechen.[51]

3. Selbsthilfe

Eine weitere Rechtfertigungsmöglichkeit könnte im Rahmen der Selbsthilfe zu finden sein, also als eine unmittelbare Reaktion auf einen vermeintlich rechtswidrigen Vorgang.[52] In diesem Sinne liest sich auch die Stellungnahme Ecuadors vom 16.08.2012, welche u.a. die Einhaltung *erga omnes* gültiger Regelungen zum internationalen Menschenrechtsschutz von den hier betroffenen Staaten Großbritannien, Schweden und USA zugesagt wissen wollte.[53] Diese Zusagen seien jedoch nicht erteilt worden, sodass sich Ecuador zur Gewährung diplomatischen Asyls aufgrund der glaubhaften Darstellungen *Assanges* und der darin indizierten Gefahren verpflichtet gesehen habe.[54] Eine solche

---

[46] S. dazu auch unten Fn. 124.

[47] *Klepper* (oben Fn. 11), S. 69 f., sowie umfangreich zur Staatenpraxis S. 130 ff.; zur regionalen Ausnahme in Lateinamerika siehe unten unter B.II.5.

[48] *Klepper* (oben Fn. 11), S. 79 f.

[49] *Klepper* (oben Fn. 11), S. 81.

[50] Die Aufgaben der Mission werden beispielhaft in Art. 3 WÜD aufgezählt, lassen jedoch keine Möglichkeit einer Ausweitung des Aufgabenbereichs auf diplomatisches Asyl zu, vgl. ausführlicher *Klepper* (oben Fn. 11), S. 82 f.

[51] *Klepper* (oben Fn. 11), S. 81 f.; *Randelzhofer* (oben Fn. 13), Rn. 17.

[52] *Klepper* (oben Fn. 11), S. 84.

[53] Dass im „Fall Assange" freilich bereits kein Verstoß gegen den universellen Menschenrechtsschutz vorliegt, wurde bereits oben unter B.II. festgestellt.

[54] Im Original u.a.: „[...] Con estos antecedentes, el Gobierno del Ecuador, fiel a su tradición de proteger a quienes buscan amparo en su territorio o en los locales de sus misio-

Selbsthilfemaßnahme, die nach ecuadorianischer Ansicht den seitens Großbritanniens zu gewährenden und gleichwohl nicht erteilten Auslieferungsschutz ersetzt, müsste sich ihrerseits auf ein völkerrechtskonformes und hier anwendbares völkerrechtliches Institut stützen lassen können. Diskutiert werden in diesem Zusammenhang Selbstverteidigung, Retorsion und Gegenmaßnahme.[55] Selbstverteidigung und Retorsion aber sind bereits von ihrem jeweiligen Ansatz her nicht einschlägig.[56]

Eine Gegenmaßnahme wäre grundsätzlich denkbar, doch fehlt es im „Fall Assange" wohl an der notwendigen Zweckrichtung, Großbritannien zu einer rechtmäßigen Handlung zu bewegen, weil sich Ecuador nur dem tatsächlichen Schutz *Assanges* (ohne den Willen rechtlicher Einwirkung auf die britische Auslieferungsentscheidung) verpflichtet sieht.[57] Generell wäre es allerdings nicht abwegig, eine Gegenmaßnahme auf ein gegenüber dem Asylsuchenden rechtswidriges Verhalten hin einzuleiten, um so eine Verhaltensänderung des Empfangsstaates zu erzwingen.[58] Allerdings käme dann regelmäßig das tatbestandlich vorrangige humanitäre Asyl zum Zuge,[59] sodass systematisch schon nicht mehr auf eine Gegenmaßnahme als Rechtfertigungsgrund abzustellen wäre. Stehen hingegen

keine Menschenrechtsverletzungen des Empfangsstaates, sondern nur einfache Rechtsfehler im Raume, existiert schon keine Verletzung einer völkerrechtlichen (*sic!*) Pflicht mit Auswirkung auf den Entsendestaat, ohne die eine Gegenmaßnahme schon nicht anwendbar sein kann.[60] Selbst wenn man aber eine entsprechende völkerrechtliche Pflichtverletzung annehmen wollte, scheiterte dann die Rechtmäßigkeit der Gegenmaßnahme an ihrer Verhältnismäßigkeit. Denn die damit verbundene langwierige Verletzung des Interventionsverbots zu Lasten des Empfangsstaates, immerhin geschützt durch Art. 2 Ziff. 7 SVN, wiegt stets schwerer als der Zweck der Gegenmaßnahme, den Empfangsstaat zu einem rechtmäßigen Verhalten zu bewegen. Damit ist auch Selbsthilfe insgesamt kein tauglicher Rechtfertigungsgrund.

4. Regionales Völkervertrags- und -gewohnheitsrecht

Als letzter Rechtfertigungsgrund verbleibt noch regionales Völkervertrags- und -gewohnheitsrecht zu untersuchen. *Assange* hat sich auch nach eigener Aussage nicht zufällig ausgerechnet Ecuador als Adressat seines Asylbegehrens ausgesucht,[61] denn nur in Lateinamerika existiert seit dem 19. Jahrhundert eine vertrags- und gewohnheitsrechtlich breit gefächerte Tradition zur Anerkennung des diplomatischen Asyls zu Gunsten von „politischen Verbrechern".[62] Die meisten lateinamerikanischen Staaten – darunter Ecuador – haben das Institut des diplomatischen Asyls vertragsrechtlich als legal anerkannt, für die übrigen Staaten der Region – mit Ausnahme lediglich von Honduras und Nicaragua – gilt dasselbe (partikulär[63]) gewohnheitsrechtlich.[64]

---

nes diplomáticas, ha decidido conceder asilo diplomático al ciudadano Julian Assange, [...] para lo cual el Gobierno ecuatoriano, tras realizar una justa y objetiva valoración de la situación expuesta por el señor Assange, atendiendo a sus propios dichos y argumentaciones, hace suyos los temores del recurrente, y asume que existen indicios que permiten presumir que puede haber persecución política, o podría producirse tal persecución si no se toman las medidas oportunas y necesarias para evitarla. [...]", drittletzter Absatz der Stellungnahme, oben Fn. 7.

[55] *Klepper* (oben Fn. 11), S. 85.

[56] *Klepper* (oben Fn. 11), S. 85 f.

[57] Selbst wenn man dagegen diese Zweckrichtung als erfüllt ansehen wollte – was Ecuador aber ausweislich seiner nur auf Schutz abstellenden Stellungnahme wohl gerade nicht beabsichtigte – ist es weiterhin angesichts des zuvor bereits beschrittenen Rechtswegs kaum ersichtlich, dass Großbritanniens Auslieferungsbereitschaft an Schweden überhaupt rechtswidrig wäre, siehe oben unter B.II.1.

[58] A.A. *Klepper* (oben Fn. 11), S. 86, die davon ausgeht, dass mit der Gewährung diplomatischen Asyls eine Verhaltensänderung des Empfangsstaates nicht mehr erzwungen werden könne, weil er vor vollendete Tatsachen gestellt würde. Dieser Gedanke stellt jedoch nur auf die fehlende Vollstreckungsmöglichkeit einer Entscheidung des Empfangsstaates ab; dieser könnte aber durchaus noch die jeweilige Grundentscheidung ändern und sich somit der Gegenmaßnahme beugen.

[59] Siehe oben unter B.II.

[60] Zur Gegenmaßnahme statt vieler *Schröder*, in: Graf Vitzthum, Völkerrecht, 5. Aufl., Berlin 2010, 7. Abschn., Rn. 29 f.

[61] „Das war eine strategische Entscheidung", so *Assange* im *Zeit*-Interview mit *Lacroix* (oben Fn. 5).

[62] Dazu umfassend *Klepper* (oben Fn. 11), S. 70 ff., sowie *Kitschenberg* (oben Fn. 11), S. 13 ff.

[63] So differenziert *Klepper* (oben Fn. 11), S. 78 f., indem sie einerseits das Bestehen regionalen Gewohnheitsrechts verneint und stattdessen von einer individuellen Selbstbindung aller Staaten mit Ausnahme von Honduras und Nicaragua ausgeht. Ähnlich beschreibt dies der chilenische Richter *Álvarez* in seiner Dissenting Opinion zum „Asyl-Fall", ICJ Reports 1950, S. 290 ff. (295 f.). Jedenfalls für den südamerikanischen Teil Lateinamerikas dürfte man aber von regionalem Völkergewohnheitsrecht ausgehen.

Auch in diese Kerbe scheint die Stellungnahme Ecuadors zu schlagen, indem sie an die Treue zur ecuadorianischen Tradition im Umgang mit diplomatischem Asyl erinnert.[65] Umgemünzt auf den „Fall Assange" mag das regionale Vertrags- und (Partikular-)Gewohnheitsrecht Lateinamerikas zwar sachlich und persönlich anwendbar sein, denn die Lage *Assanges* ist mit der eines „politischen Verbrechers" (umfasst sind von dieser Bezeichnung[66] auch entsprechende Verdächtige) jedenfalls nicht unvergleichbar. Immerhin wird er in den USA als Landesverräter, jedenfalls aber als einer politischen Straftat Verdächtiger, betrachtet. Anders ist hingegen der örtliche Anwendungsbereich zu bewerten. Befände sich *Assange* nämlich in einer ecuadorianischen Botschaft etwa in Peru oder Paraguay, wäre die Gewährung diplomatischen Asyls wohl rechtmäßig.

Es liegt jedoch in der Natur regionalen Vertrags- und Gewohnheitsrechts, dass dies außerhalb seines Anwendungsbereichs gerade nicht gilt, wie es im Übrigen für Verträge als Rechtsgedanke in Art. 34 der Wiener Vertragsrechtskonvention zum Ausdruck kommt.[67] Dies gilt für Völkergewohnheitsrecht gleichermaßen, weil auch hier der völkerrechtliche Grundsatz der Gegenseitigkeit gilt; des einen Staates Recht ist zugleich des anderen Staates (Duldungs-)Pflicht.[68] Im Falle des diplomatischen Asyls bedeutet dies: Darf sich ein lateinamerikanischer Staat *qua* regionalen Gewohnheitsrechts grundsätzlich auf diplomatisches Asyl zur Rechtfertigung einer Intervention berufen, kann dies konkret nur gelten, wenn der von der Intervention betroffene Staat zugleich einer entsprechenden Duldungspflicht unterliegt. Dies ist für Großbritannien zweifellos nicht der Fall, weil es an das regionale Gewohnheitsrecht Lateinamerikas nicht gebunden ist. Durch seinen anfänglichen Protest gegen das diplomatische Asyl bleibt auch kein Raum für die Annahme einer etwaigen zwischenzeitlichen Duldung dieses Zustandes. Im Falle einer wie hier vorliegenden Rechte-Pflichten-Kollision kann regionales Recht das stets vorrangige universelle Völkerrecht nicht derogieren.[69] Ecuador mag sich also zwar die Gepflogenheiten seiner Heimatregion zu eigen machen (wollen), allerdings sind solche gerade nicht geeignet, einen Verstoß gegen das Interventionsverbot zu Lasten unbeteiligter Staaten wie Großbritannien zu rechtfertigen.

Dies ergibt sich ferner aus der im 19. Jahrhundert vollzogenen Abkehr vom Territorialitätsprinzip in Bezug auf das Missionsgelände, mit welcher der Rechtskreis des Entsendestaates hinter dem Souveränitätsrecht des Empfangsstaates zurücktreten sollte.[70] Das Funktionalitätsprinzip der Mission gewährt dem Entsendestaat lediglich die gegenüber dem Empfangsstaat vorrangige Ausübung solcher Hoheitsrechte, die für den funktionellen Aufgabenkreis der diplomatischen Mission erforderlich sind; nur hieraus lässt sich schließlich auch das Prinzip der Unverletzlichkeit der Mission ableiten.[71] Da aber die Gewährung diplomatischen Asyls nicht zum Funktionskreis der Mission gehört, kann sich auch entgegenstehendes regionales Völkergewohnheitsrecht nicht gegenteilig auf dem Territorium eines davon nicht betroffenen Staates auswirken. Auf den „Fall Assange" sind die lateinamerikanischen Prinzipien trotz Beteiligung Ecuadors also nicht übertragbar.

5. Ergebnis für den „Fall Assange"

Es hat sich gezeigt, dass die Gewährung diplomatischen Asyls (nur) in Form des humanitären Asyls sowie in großen Teilen Lateinamerikas auf vertrags- und gewohnheitsrechtlicher Basis völkerrechtskonform ist. Das von Ecuador im „Fall Assange" zugestandene diplomatische Asyl ist jedoch völkerrechtswidrig, weil es einen Eingriff in das völkerrechtliche Interventionsverbot zu Lasten Großbritanniens begründet und kein auf diesen Fall passender Rechtfertigungsgrund existiert.

---

[64] *Klepper* (oben Fn. 11), S. 78. Der IGH verneinte im „Asyl-Fall" (oben Fn. 20, insbesondere S. 286) das Bestehen regionalen Gewohnheitsrechts zum diplomatischen Asyl in Lateinamerika („American International Law").

[65] Wörtlich: „fiel a su tradición de proteger a quienes buscan amparo en su territorio o en los locales de sus misiones diplomáticas", siehe oben Fn. 54.

[66] Zum Begriff bereits ausführlich *Kitschenberg* (oben Fn. 11), S. 52 ff.

[67] Statt vieler *Graf Vitzthum*, in: ders., Völkerrecht, 5. Aufl., Berlin 2010, 1. Abschn., Rn. 120.

[68] Vgl. *Kunig*, in: Graf Vitzthum, Völkerrecht, 5. Aufl., Berlin 2010, 2. Abschn., Rn. 137.

[69] Siehe dazu (am Beispiel des allgemeinen völkerrechtlichen Menschenrechtsschutzes *versus* EMRK-Garantien) bereits oben B.II.2.

[70] Siehe oben B.I.

[71] Siehe bereits oben unter B.I. sowie Fn. 16.

6. Rechtsfolge völkerrechtswidrigen diplomatischen Asyls

Als Rechtsfolge dieses illegalen diplomatischen Asyls ergibt sich zwangsläufig die Pflicht Ecuadors, *Assange* den britischen Behörden – wie von der britischen Regierung verlangt – zu überstellen.[72] Dies ergibt sich bereits schlicht aus dem Institut der Wiedergutmachung im Rahmen der Staatenverantwortlichkeit, wie es völkergewohnheitsrechtlich anerkannt ist und sich in Art. 36 Ziff. 1 des ILC-Entwurfs zur Staatenverantwortlichkeit konkretisiert.[73] Dadurch, dass Ecuador *Assange* illegal diplomatisches Asyl gewährt, begeht es ein völkerrechtliches Delikt. Es ist deshalb völkerrechtlich zur Naturalrestitution verpflichtet, muss diesen Zustand deshalb beseitigen und den dadurch ggf. entstandenen Schaden ersetzen.[74] Das WÜD als *self-contained regime* steht dem nicht entgegen, weil diplomatisches Asyl schon nicht im WÜD geregelt ist und damit überhaupt nicht in dessen geschlossenen Anwendungsbereich fällt.

Auch ist für dieses Ergebnis nicht von Bedeutung, dass der IGH in einer – anders gelagerten – Konstellation als Anschluss an den „Asyl-Fall"[75] ein Jahr später im Verfahren „Haya de la Torre" auf den ersten Blick anders entschieden hatte. In dieser Entscheidung forderte das Gericht zwar, das Asyl zu beenden, doch nahm zugleich eine Überstellungspflicht nicht an.[76] Im diesem Fall war nämlich das regionale Völkervertragsrecht Lateinamerikas – insbesondere die Havanna-Konvention über das Asyl von 1928[77] – spezielle Entscheidungsgrundla-

ge. Demnach war das diplomatische Asyl zu Gunsten *Haya de la Torres* zwar illegal, jedoch verpflichtete die Havanna-Konvention nur dann zu einer Überstellung an den Aufenthaltsstaat, wenn gegen den Betroffenen, der nicht „politischer", sondern „gemeiner Verbrecher" ist, ein Strafverfahren anhängig ist und deswegen dessen Überstellung verlangt wurde.[78] Genau dies traf aber nicht auf *Haya de la Torre* zu. Im Umkehrschluss lassen sich sogar positive Erkenntnisse für den „Fall Assange" ziehen: Zum einen ist hier kein spezielles Vertragsrecht wie die Havanna-Konvention anwendbar, welches das hier vertretene Ergebnis in Zweifel zöge. Zum anderen setzten offenbar auch IGH und Havanna-Konvention stillschweigend voraus, dass grundsätzlich eine Überstellungspflicht bei illegal gewährtem diplomatischen Asyl besteht, weil sonst die spezielle Überstellungsregelung der Havanna-Konvention nicht hätte herangezogen werden müssen.

IV. Der Schutzbereich des diplomatischen Asyls

Unabhängig von dem erzielten Ergebnis zum „Fall Assange" soll in einem weiteren Schritt auf den Schutzbereich des diplomatischen Asyls eingegangen werden, weil grundsätzlich Fallkonstellationen denkbar sind, in welchen diplomatisches Asyl völkerrechtlich legal gewährt werden kann.[79] In solchen – und zusätzlich hilfsweise für den Fall, dass entgegen der hiesigen Auffassung auch im „Fall Assange" von einer rechtmäßigen Asylgewährung ausgegangen wird – stellt sich sodann die praktisch relevante Frage, in welchem Ausmaß eine auf dem Missionsgelände geschützte Person wie

---

[72] *Shah* (oben Fn. 13), Rn. 8.

[73] Dazu statt vieler *Schröder* (oben Fn. 60), Rn. 31 m.w.N.

[74] Einzelheiten dazu gibt Kapitel II des ILC-Entwurfs zur Staatenverantwortlichkeit wieder.

[75] Siehe oben Fn. 20 sowie *Kitschenberg* (oben Fn. 11), S. 45 ff.

[76] IGH, Urt. v. 13.06.1951 („Haya de la Torre"), ICJ Reports 1951, S. 71 ff.

[77] Die entscheidenden Passagen der Havanna-Konvention lauten:

„Art. 1: It is not permissible for States to grant asylum in legations, warships, military camps or military aircraft, to *persons accused or condemned for common crimes*, or to deserters from the army or navy.

Persons *accused of or condemned* for common crimes taking refuge in any of the places mentioned in the preceding paragraph, *shall be surrendered upon request of the local government.* [...]

Art. 2: Asylum granted *to political offenders in legations,* warships, military camps or military aircraft, shall be re-

spected to the extent in which allowed, as a right or through humanitarian toleration, by the usages, the conventions or the laws of the country in which granted and in accordance with the following provisions: [...]

Third: The Government of the State *may require that the refugee be sent nut of the national territory* within the shortest time possible; and the diplomatic agent of the country who has granted asylum *may in turn require the guaranties necessary for the departure of the refugee* with due ‚regard to the inviolability of his person, from the country. [...]" (Hervorhebung v. *Verfasser*)

[78] IGH (oben Fn. 76), S. 80 f.

[79] Siehe oben insbesondere die Fälle des humanitären Asyls sowie des aufgrund regionalen Völkerrechts anerkannten Fälle diplomatischen Asyls für „politische Verbrecher".

Assange von ihrem diplomatischen Asyl profitieren kann.

1. Auf dem Missionsgelände

Es dürfte unmittelbar einleuchten, dass die zu Recht geschützte Person jedenfalls auf dem Missionsgelände keinem Zugriff des Empfangsstaates ausgesetzt werden darf. Das insofern rechtmäßige Handeln des Entsendestaates verdrängt dann jedenfalls eine hier noch nicht anzusprechende, womöglich nicht dem Prinzip der Unverletzlichkeit der Mission unterliegende[80] zweckwidrige Nutzung des Botschaftsgeländes.

2. Außerhalb des Missionsgeländes, insbesondere freies Geleit

Spannender und von größerer praktischer Brisanz ist die Frage, ob und ggf. inwieweit sich das rechtmäßige diplomatische Asyl außerhalb der Mission auswirkt. Schließlich kommt ein Schutz lediglich innerhalb des Botschaftsgeländes einem „goldenen Käfig" gleich, welchem ohne die Möglichkeit insbesondere der Ausreise in das Heimatland des Betroffenen dauerhaft kein außerordentlich hoher Nutzen zukommt. Diplomaten genießen insoweit diplomatische Immunität gemäß Art. 31 WÜD.[81] Dritten wird eine solche Immunität jedoch gerade nicht zuteil. Aus den Vorzügen der diplomatischen Immunität kann ein durch diplomatisches Asyl Begünstigter aufgrund der abschließenden Aufzählung[82] in Art. 31 WÜD keine weitergehenden Rechte ableiten, sondern muss im Gegenteil seine Ergreifung befürchten, sobald er die Mission verlässt.

Etwas Anderes kann nur gelten, wenn sich der Schutz des rechtmäßigen diplomatischen Asyls selbst auch auf einen Anspruch auf freies Geleit zur Ausreise aus dem Empfangsstaat ausdehnt. Großbritannien kündigte hingegen bereits an, *Assange* ein solches nicht gewähren zu wollen.[83] Zu diesem

Aspekt existiert mangels spezieller Regelung des diplomatischen Asyls selbst auch kein hierauf gemünztes spezielles Vertrags- oder Gewohnheitsrecht.[84] Allerdings könnte Art. 44 WÜD herangezogen werden:

> The receiving State must, *even* in case of armed conflict, grant facilities in order to enable *persons enjoying privileges* and immunities, other than nationals of the receiving State, and members of the families of such persons irrespective of their nationality, to leave at the earliest possible moment. It must, in particular, in case of need, place at their disposal the necessary means of transport for themselves and their property.[85]

Diese Regelung schließt in ihrer Rechtsfolge jedenfalls die Gewährung freien Geleits ein.[86] Zwar bezieht sich deren Kernanwendungsbereich auf den Ausbruch eines bewaffneten Konflikts im Empfangsstaat, sie gilt angesichts des vorangestellten Wortes „even" aber dann erst recht auch zu Friedenszeiten. Entscheidend ist hier die Auslegung der Wendung „persons enjoying privileges" und die Frage, ob rechtmäßig von diplomatischem Asyl begünstigte Personen hiervon umfasst sind. Auch wenn dies bei der Entstehung von Art. 44 WÜD sicher nicht bedacht wurde,[87] spricht die Wortlautauslegung doch dafür. Rechtmäßiges diplomatisches Asyl ist ein vom Entsendestaat gewährtes Sonderrecht, welches den Betroffenen als Person vor der Hoheitsgewalt des Empfangsstaates schützen soll. Dass Privilegien im Sinne der Regelung inhaltlich durchaus weiter verstanden werden als die zuvor erwähnte diplomatische Immunität, zeigt der systematische Zusammenhang. Art. 44 WÜD umfasst ausdrücklich Privilegien *und* Immunitäten, die ganz allgemein *Personen* (d.h. nicht ausschließlich Diplomaten) zustehen sollen. Ein Recht auf freies Geleit lässt sich deshalb mit guten Gründen aus Art. 44 WÜD auch für rechtmäßig von diplo-

---

[80] Dazu genauer unten unter C.

[81] Eingehend *Denza* (oben Fn. 15), S. 280 ff.; zu Immunitäten generell ausführlich *Kreicker*, in: Grützner/Pötz/Kreß, Internationaler Rechtshilfeverkehr in Strafsachen, 3. Aufl., Heidelberg 2012, III E (17. Lfg.).

[82] Statt vieler *Hailbronner/Kau* (oben Fn. 13), Rn. 61.

[83] Die *BBC* gibt dazu folgenden Inhalt der britischen diplomatischen Note (oben Fn. 8) wieder: „But we must be absolutely clear this means that should we receive a request

for safe passage for Mr Assange, after granting asylum, this would be refused, in line with our legal obligations." Vgl. ferner z.B. *Zeit Online* vom 16.08.2012, http://www.zeit.de/news/2012-08/16/internet-grossbritannien-kein-freies-geleit-fuer-assange-16140404.

[84] Unverändert seit *Kitschenberg* (oben Fn. 11), S. 159 ff.

[85] Art. 44 WÜD in der autoritativen eglischen Originalfassung, Hervorhebung v. *Verfasser*.

[86] *Kraska*, Safe Conduct and Safe Passage, Rn. 17, in: Max Planck Encyclopedia of Public International Law, http://mpepil.com.

[87] *Denza* (oben Fn. 15), S. 482 f.

matischem Asyl Begünstigte ableiten; es besteht für *Assange* jedoch tatbestandlich *in concreto* nicht.

Weitere Erkenntnisse im Hinblick auf möglicherweise zu gewährendes freies Geleit bei diplomatischem Asyl kann der IGH-Fall „Haya de la Torre"[88] liefern. Dort wird unter Anwendung der Havanna-Konvention über das Asyl von 1928[89] die Möglichkeit der Gewährung freien Geleits zu Gunsten *Haya de la Torres* diskutiert, jedoch nur unter den Voraussetzungen bejaht, dass zum einen das diplomatische Asyl legal war und zum anderen der Empfangsstaat die Ausreise des Betroffenen verlangt hat.[90] Erstere liegt nach hiesiger Ansicht bei *Assange* rechtlich nicht vor, jedenfalls aber letztere ist schon tatsächlich nicht erfüllt. Nach den Maßstäben des Falles „Haya de la Torre" genießt *Assange* also keinen Schutz außerhalb des Missionsgeländes.

Bei der Übertragung dieser Maßstäbe auf das allgemeine Völkerrecht bereitet jedoch das mögliche Erfordernis eines Ausreiseverlangens seitens des Empfangsstaates Probleme. Dass die Havanna-Konvention über die Legalität des diplomatischen Asyls zusätzlich ein Ausreiseverlangen fordert, hängt nämlich mit ihrem besonderen Regelungsgehalt für „politische Verbrecher" („political offenders", so Art. 2) zusammen. Nur solche können ihr zufolge – wenn überhaupt – rechtmäßig diplomatisches Asyl genießen. Vor dem Hintergrund dieses qualifizierten persönlichen Anwendungsbereichs erscheint ein qualifiziertes prozedurales Erfordernis zu der Frage, ob freies Geleit zu gewähren ist, als ein gerechter Interessensausgleich zwischen Betroffenem und Empfangsstaat. Schließlich genösse der Betroffene ohne die Privilegierung als „politischer Verbrecher" schon keinen Schutz durch diplomatisches Asyl. Eine solche Qualifizierung kennt das allgemeine Völkerrecht hingegen nicht. Hier erscheint die Antwort auf die Frage nach freiem Geleit vielmehr als Konsequenz auf die Bewertung der Legalität des diplomatischen Asyls. Aus dieser Konnexität folgt, dass freies Geleit bei illegal gewährtem diplomatischen Asyl nicht zugestanden werden muss, weil sich eine gegenteilige Verpflich-

tung als Fortsetzung des grundsätzlich verletzten Interventionsverbots darstellen würde, die nicht gerechtfertigt werden kann. Umgekehrt aber kann eine Verpflichtung, freies Geleit zu gewähren, dann nicht gegen das Interventionsverbot verstoßen, wenn schon das ihr zu Grunde liegende diplomatische Asyl keine entsprechende Verletzung begründet.

Damit müsste Großbritannien *Assange* (nur dann) freies Geleit zusichern, wenn ihm zuvor völkerrechtskonform diplomatisches Asyl gewährt wurde. Dies ist nach hier vertretender Auffassung nicht erfolgt, weshalb er außerhalb des Missionsgeländes aus seinem Asylstatus keinen Schutz ableiten kann.

V. Sichere Ausreise bei rechtmäßigem diplomatischen Asyl

Wenn der Entsendestaat nach den oben beschriebenen Voraussetzungen diplomatisches Asyl rechtmäßig gewährt, muss dem Betroffenen auch die Möglichkeit eingeräumt werden, sicher aus dem Empfangsstaat ausreisen zu können. Wird ihm jedoch freies Geleit zur Ausreise versagt, obwohl dies völkerrechtlich zugesichert werden müsste, ist an entsprechende Maßnahmen zur Durchsetzung der sicheren Ausreise zu denken. Denn die Gewährung freien Geleits bedeutet nichts Anderes als dafür einzustehen, dass der Betroffen aus dem Empfangsstaat sicher ausreisen kann. Für *Assange* kämen die nachfolgend diskutierten Möglichkeiten nach hier vertretener Auffassung freilich nicht in Betracht. Stuft man das ihm gewährte diplomatische Asyl hingegen als rechtmäßig ein, sind konsequenterweise auch die nachfolgenden Überlegungen für ihn bedeutsam.

1. Durch völkerrechtlichen Rechtsschutz insbesondere vor dem IGH

Ein erster theoretischer Ansatz wäre die Erlangung von völkerrechtlichem Rechtsschutz zur Sicherstellung freien Geleits. So könnte der Entsendestaat den Empfangsstaat vor dem IGH mit dem Ziel verklagen, die Rechtmäßigkeit des diplomatischen Asyls festzustellen sowie den Empfangsstaat (ggf. im Wege der – völkerrechtlich nicht unum-

---

[88] Siehe oben Fn. 76.
[89] Siehe oben Fn. 77.
[90] IGH (oben Fn. 76), S. 80. *Haya de la Torre* wurde schließlich erst 1954 freies Geleit zur Ausreise nach Kolumbien gewährt, dies allerdings ausschließlich aufgrund einer Verständigung zwischen den beteiligten Staaten, siehe *Kitschenberg* (oben Fn. 11), S. 48 f.

strittenen[91] – Prozessstandschaft[92]) zur Gewährung freien Geleits zu verpflichten. Hat der Entsendestaat mit einem solchen Verfahren, das sich allerdings über mehrere Jahre erstrecken kann, Erfolg, so ist der Empfangsstaat nebst seines gesamten Behördenapparats bereits wegen Art. 94 Ziff. 1 SVN i.V.m. dem Prinzip der staatlichen Zurechenbarkeit von Organhandlungen[93] daran gebunden.[94]

Voraussetzung dafür ist allerdings zunächst, dass überhaupt Gerichtsbarkeit des IGH vorliegt, welche nur nach den allgemeinen Regelungen des Art. 36 IGH-Statut für jeden Einzelfall gesondert zu prüfen ist.[95] Die Anwendbarkeit des Fakultativ-Protokolls zum WÜD über die obligatorische Beilegung von Streitigkeiten mag in solchen Fällen zur Gerichtsbarkeitsfeststellung zweifelhaft erscheinen, weil es sich ausweislich seines Art. I nur auf die „Auslegung oder Anwendung dieses Übereinkommens", also den ausschließlichen Inhalt dieses *self-contained regime* bezieht. Das diplomatische Asyl ist nicht im WÜD geregelt und daher nicht dessen Prüfungsmaßstab zuzuordnen. Jedoch könnte auf die Auslegung von Art. 44 WÜD abgestellt werden mit dem Ziel, die Verpflichtung zur Gewährung freien Geleits für „persons enjoying privileges" festzustellen. Damit erscheint ein Verfahren vor dem IGH auf Initiative des Entsendestaates nicht als von vornherein unzulässig.

Begehrt hingegen (was unter dieser Überschrift nicht relevant ist) umgekehrt der Empfangsstaat Zugriff auf den Betroffenen und möchte diesen vor dem IGH erstreiten, handelt es sich um eine Auslegungsfrage zur Reichweite des Prinzips der Unverletzlichkeit der Mission, welches sich aus Art. 22 WÜD ergibt. Dann wäre jedenfalls zunächst die IGH-Gerichtsbarkeit anhand des Fakultativprotokolls zu prüfen.

Im „Fall Assange" dürfte sich jedoch schon das Zustandekommen eines solchen IGH-Verfahrens als schwierig erweisen. Nur Großbritannien hat nämlich eine allgemeine Unterwerfungserklärung gemäß Art. 36 Ziff. 2 IGH-Statut beim Generalsekretär der Vereinten Nationen hinterlegt,[96] während eine Entsprechung Ecuadors fehlt. Ein Verfahren ist hier deshalb nur möglich, wenn Großbritannien und Ecuador ihre Streitigkeit überweinstimmend dem IGH vorlegen, Art. 36 Ziff. 1 IGH-Statut. Dies setzt jedoch stets eine politische Entscheidung voraus, deren Ausgang ungewiss ist.

2. *Durch Beförderungsmittel der Mission*

Unabhängig von ungewissen und zeitraubenden Gerichtsverfahren käme für den Betroffenen aus praktischen Gesichtspunkten zunächst eine Ausreise mit einem Beförderungsmittel der Mission, vor allem also einem Botschaftsfahrzeug, in Betracht. Gemäß Art. 22 Ziff. 3 WÜD genießen auch Beförderungsmittel der Mission Immunität gegenüber Durchsuchung, Beschlagnahme, Pfändung und Vollstreckung. Befände sich also der Betroffene in einem Botschaftsfahrzeug des Entsendestaates auf dem Territorium des Empfangsstaates, wäre er darin zumindest wegen des Verbots der Durchsuchung des Fahrzeuges geschützt. Denn eine Fahrzeug-Durchsuchung setzt stets das vorherige Öffnen des Fahrzeugs voraus und führt dann notwendigerweise zur Unzulässigkeit.[97] Das Fahrzeug ist folglich in vergleichbarem Maße unverletzlich wie das Missionsgelände selbst.

Der praktische Nutzen einer solchen Lösung dürfte allerdings sehr stark vom Einzelfall abhängen. Spätestens bei einem bevorstehenden Grenzübertritt des Missionsfahrzeugs – sei es an einer

---

[91] Zur völkerrechtlichen Prozessstandschaft *Arnauld*, Völkerrecht, 2. Aufl., Heidelberg 2012, S. 229 f. (Rn. 587); *Seegers*, Das Individualrecht auf Wiedergutmachung, Münster 2005, zugl. Köln, Univ., Diss. 2005, S. 220 ff.

[92] Hier lässt sich sowohl vertreten, dass der Anspruch auf freies Geleit bloßer Annex des staatlichen Rechts auf Gewährung diplomatischen Schutzes und deswegen dem Entsendestaat zuzuschreiben ist, als auch, dass ihm nur individuelle Natur zugeschrieben werden kann, weil er sich lediglich im Verhältnis zwischen dem betroffenen Individuum und dem Empfangsstaat auswirkt.

[93] Vgl. Art. 4 des ILC-Entwurfs zur Staatenverantwortlichkeit.

[94] *Oellers-Frahm*, in: Zimmermann/Tomuschat/Oellers-Frahm/Tams, The Statute of the International Court of Justice 2nd Edition, Oxford 2012, Art. 94 UN Charter (S. 187 ff.), insbesondere Rn. 13 f.

[95] IGH-Gerichtsbarkeit kann sich ergeben entweder aus übereinstimmenden fallbezogenen Erklärungen der Streitparteien (Art. 36 Ziff. 1 IGH-Statut) oder aus jeweils einer gültigen generellen Unterwerfungserklärung jeder Streitpartei (Art. 36 Abs. 2 IGH-Statut), vgl. dazu umfassend *Tomuschat*, in: Zimmermann/Tomuschat/Oellers-Frahm/Tams, The Statute of the International Court of Justice 2nd Edition, Oxford 2012, Art. 36 (S. 633 ff.), *passim*, sowie im Überblick *Schröder* (oben Fn. 60), Rn. 87 ff.

[96] Abrufbar beim IGH unter http://www.icj-cij.org/jurisdiction/index.php?p1=5&p2=1&p3=3&code=GB.

[97] Näher dazu *Denza* (oben Fn. 15), S. 160.

Landgrenze oder vor einem Flughafen – dürfte sich der Schutz des Fahrzeuges regelmäßig als nutzlos erweisen, weil zwar ein Zugriff auf das Fahrzeug nicht zulässig wäre, aber gleichwohl ein Grenzübertritt nicht gestattet zu werden braucht.[98] Findet sich jedoch ein Staat, der die Einreise des Betroffenen im Missionsfahrzeug dulden würde, kann über einen gewaltsamen Grenzübertritt (bildlich gesprochen: „mit Vollgas durch die Barrikaden") nachgedacht werden.

Durch das Überqueren der Grenze des Empfangsstaates würde zugleich in dessen Souveränitätsrechte eingegriffen, weil dessen Grenzkontrollregime – eine innere Aufgabe des Staates in Ausübung seiner völkerrechtlichen inneren Handlungsfreiheit – verletzt würde. In einem gewaltsamen Grenzübertritt läge also zugleich ein Verstoß gegen Art. 2 Ziff. 7 SVN. Diesem Verstoß ginge jedoch mit der Verweigerung freien Geleits ein entsprechender Völkerrechtsbruch des Empfangsstaates voraus. Der gewaltsame Grenzübertritt ist die Folge dieser völkerrechtswidrigen Handlung und hat lediglich den Zweck, die daraus resultierenden Nachteile zu kompensieren. Das bloße einmalige Überschreiten der Grenze mit dem Missionsfahrzeug ist auch das mildeste zur Verfügung stehende Mittel und damit verhältnismäßig. Deswegen liegt es nahe, an das Institut der Gegenmaßnahme zu denken, die einen gewaltsamen Grenzübertritt rechtfertigen könnte.

Allerdings setzt die Gegenmaßnahme eine vorangegangene Völkerrechtsverletzung zu Lasten des sich auf die Gegenmaßnahme berufenden Staates (*sic!*) voraus.[99] Betrachtet man das Recht auf Gewährung freien Geleits als Gewährleistungsrecht des Entsendestaates gegenüber dem Empfangsstaat, so lägen die Voraussetzungen für eine Gegenmaßnahme grundsätzlich vor. Grundlage für eine solche Rechtsverletzung wäre aber zuvörderst Art. 44 WÜD, welcher das Recht auf freies Geleit normiert. Das WÜD als *self-contained regime* sieht jedoch keine Maßnahmen bei Verstößen gegen Art. 44 vor, weshalb eine Gegenmaßnahme hier ausgeschlossen wäre.

Man könnte hingegen die Verweigerung freien Geleits als irrelevant für den Rechtskreis des Entsendestaates betrachten und stattdessen ausschließ-

lich die Verweigerung eines Individualanspruchs annehmen, nämlich des vom diplomatischen Asyl Betroffenen.[100] Damit stünden sich aber schon keine widerstreitenden Rechtsverletzungen zweier Völkerrechtssubjekte gegenüber, sondern es würde ein Individualanspruch mittels eines Völkerrechtsverstoßes durchgesetzt. Dies liegt außerhalb des Anwendungsbereiches der Gegenmaßnahme und kann damit schon deshalb zu keiner Rechtfertigung führen.

Etwas Anderes kann nur gelten, wenn der Entsendestaat zuvor – typischerweise vor dem IGH – rechtskräftig die Verpflichtung des Empfangsstaates erwirkt hat, dass dem Betroffenen freies Geleit zu gewähren ist. Als Adressat des entsprechenden Urteils wäre dann auch der Entsendestaat von dem beschriebenen Völkerrechtsverstoß des Empfangsstaates betroffen und könnte deshalb im Rahmen der Gegenmaßnahme – soweit nicht der UN-Sicherheitsrat gemäß Art. 94 Ziff. 2 SVN vorrangig befasst wurde – seinen Feststellungstitel vollstrecken.[101] Es handelt sich nämlich auch in der Nichtbefolgung eines rechtskräftigen IGH-Urteils um ein völkerrechtliches Delikt, das der Gegenmaßnahme zugänglich ist.[102] Solche Konstellationen dürften allerdings kaum einmal praktisch relevant werden, weil angesichts des hohen vorangegangenen Aufwands eine diplomatische Lösung regelmäßig wahrscheinlicher erscheint.

3. Durch Diplomatengepäck oder -fracht

Eine weitere – praktisch eher filmreife, gleichwohl aber nicht völlig abwegige[103] – Überlegung

---

[98] Vgl. zur Möglichkeit der Festsetzung eines Diplomatenfahrzeuges auch unten Fn. 143.

[99] Näher *Schröder* (oben Fn. 60), Rn. 29 f.

[100] Siehe oben Fn. 92. Art. 44 WÜD ist insofern nicht eindeutig, denn ausdrücklich geregelt wird dort nur die Beziehung zwischen dem Empfangsstaat und „Personen", ohne dabei den Entsendestaat zu benennen.

[101] Grundlegend zur Vollstreckung internationaler Entscheidungen bereits *Oellers-Frahm*, Zur Vollstreckung der Entscheidungen internationaler Gerichte im Völkerrecht, ZaöRV 1976, S. 654 ff.

[102] Dies ergibt sich *e contrario* aus Art. 52 Ziff. 3 lit. b des ILC-Entwurfs zur Staatenverantwortlichkeit, der eine Gegenmaßnahme nur dann für unstatthaft erklärt, wenn ein entsprechendes Verfahren vor einem internationalen Gericht *anhängig* ist.

[103] Ein solcher Vorfall wurde am 05.07.1984 am Londoner Flughafen Stansted registriert, als Zollbeamte den ehemaligen nigerianischen Verkehrsminister *Umaru Dikko* aus einer nach Lagos adressierten Holzkiste befreiten, siehe

wäre es, einen Betroffenen mittels diplomatischen Kuriers (in Form von Gepäck oder Fracht)[104] außer Landes befördern zu lassen. Abgesehen von der tatsächlichen Schwierigkeit, einen Menschen unbeschadet in einem Paket oder Koffer nach Übersee zu schicken, ergeben sich bei dieser Idee auch völkerrechtliche Probleme. Gemäß Art. 27 WÜD ist der diplomatische Verkehr zwar grundsätzlich frei; insbesondere verbietet Ziff. 3 das Öffnen oder Zurückhalten diplomatischen Kuriergepäcks. Solches Kuriergepäck muss aber gemäß Ziff. 4 entsprechend gekennzeichnet sein und darf nur diplomatische Schriftstücke oder für den amtlichen Gebrauch bestimmte Gegenstände enthalten.[105] Menschen fallen keinesfalls darunter. Die „Menschenfracht" wäre damit ein Völkerrechtsverstoß. Dieser würde aller Wahrscheinlichkeit nach auch von den Behörden des Empfangsstaates bemerkt, weil es nach modernem völkerrechtlichen Meinungsstand nicht untersagt ist, auch Diplomatengepäck zumindest zu durchleuchten.[106]

Allerdings hätte der Empfangsstaat *prima facie* nicht das Recht, ein Gepäckstück mit menschlichem Inhalt zurückzuhalten, weil dies nicht im WÜD als abgeschlossenes Regime geregelt ist. Der Entsendestaat würde sich damit also völkerrechtswidrig verhalten, könnte grundsätzlich aber zugleich den Betroffenen vor der drohenden Auslieferung endgültig schützen. Auf diesen völkerrechtswidrigen Akt dürfte dann aber der Empfangsstaat freilich in Form einer verhältnismäßigen Gegenmaßnahme reagieren, um völkerrechtskonformes Verhalten zu erzwingen.[107] Eine solche läge in der Zurückhaltung des Kurierstücks und dürfte auch unmittelbar auf den vorangegangenen völkerrechtswidrigen Akt – nämlich den Missbrauch des Diplomatenkuriers – erfolgen. Völkerrechtskonformes Verhalten des Entsendestaates ist dann allerdings noch wiederherstellbar, nämlich durch Rücknahme des Pakets. Diese Möglichkeit darf dem Entsendestaat im Rahmen einer Gegenmaßnahme nicht genommen werden, weshalb so eine Ergreifung des Betroffenen von der Gegenmaß-

nahme nicht gedeckt wäre; zugleich könnte dieser aber auch nicht das Land verlassen.

Unabhängig davon ist es aber aus einem anderen Grund zweifelhaft, ob der Zurückhalten und auch Öffnen eines Gepäckstücks mit menschlichem Inhalt überhaupt völkerrechtswidrig ist. Immerhin birgt der (in der Regel) überseeische Transport von menschlicher Fracht eine nicht geringe Gefahr für Leib und Leben, welcher im Wege des auch völkerrechtlich verankerten Prinzips des Notstands und der Nothilfe begegnet werden darf. Letztlich würde also jedenfalls ein Versteck im Diplomatengepäck nicht zum Erfolg für den Betroffenen führen.

4. *Durch Identitätstäuschung*

Zuletzt wäre noch an die gleichermaßen hollywooderprobte (weil bereits verfilmte) wie verwegene (weil bereits erfolgreich praktizierte) Idee der Identitätstäuschung zu denken.[108] Unter Verwendung eines falschen Reisepasses und nach erheblicher Veränderung des äußeren Erscheinungsbildes könnte es einem diplomatisch Asyl Gewährtem gelingen, das Missionsgelände unerkannt zu verlassen und sodann außer Landes zu reisen.

Es dürfte auf der Hand liegen, dass ein solches Vorgehen allgemein ganz erhebliche tatsächliche Risiken birgt. Abgesehen von zahlreichen tatsächlichen Schwierigkeiten, die nur in Ausnahmefällen (wie etwa im Zusammenhang mit den Vorkommnissen in Teheran 1979/1980) überwindbar erscheinen, stellen sich auch nicht zu verachtende Rechtsprobleme. Es fragt sich nämlich, ob ein solches Vorgehen mit dem Völkerrecht in Einklang zu bringen sein kann.

Zunächst existiert kein allgemeines völkerrechtliches Verbot der Passfälschung, weil das Ausstellen von Reisepässen allein nach der Souveränität des jeweils zuständigen Staates bemisst.[109] Nach völkerrechtlichen Maßstäben (unabhängig von einer höchstwahrscheinlich nationalrechtlich bestehenden Strafbarkeit) darf deshalb jeder Staat einen Reise-

---

dazu die Darstellung bei *Stein/von Buttlar* (oben Fn. 15), Rn. 752.

[104] Im einzelnen dazu *Bolewski*, AVR 2005, S. 541 ff.

[105] Näher dazu *Denza* (oben Fn. 15), S. 227 ff.

[106] *Denza* (oben Fn. 15), S. 238 ff., sowie im Überblick *Stein/von Buttlar* (oben Fn. 15), Rn. 753.

[107] Siehe wiederum *Schröder* (oben Fn. 60), Rn. 29 f.

[108] Gemeint ist die Flucht mehrerer US-amerikanischer Botschaftsmitarbeiter aus Teheran 1980, die 2007 durch den publizistischen Beitrag *Joshuah Bearmans* sowie 2012 durch den Film „Argo" späte Berühmtheit erlangt hat, siehe bereits oben Fn. 24.

[109] Folgerung aus *Hagedorn*, Passports, Rn. 31 ff., in: Max Planck Encyclopedia of Public International Law, http://mpepil.com.

pass unter falschem Namen für den Betroffenen ausstellen, solange es sich um einen staatseigenen Pass handelt. Dokumente anderer Staaten dürften wegen eines sonst begründeten Verstoßes gegen das Interventionsverbot gemäß Art. 2 Ziff. 7 SVN hingegen nicht gefälscht werden, es sei denn, der betroffene Drittstaat hätte zugestimmt oder den Pass selbst ausgestellt (wie dies etwa Kanada zur Rettung US-amerikanischer Botschaftsmitarbeiter in Teheran 1980 tat[110]). Auch die Verwendung des falschen Passes, zu der es spätestens am Flughafen offen kommen würde, ist völkerrechtlich nicht verboten. Allerdings wird ein solches Vorgehen jeder Staat durch seine nationalen Gesetze zu unterbinden wissen (wie etwa die Bundesrepublik Deutschland mittels der Urkundsdelikte nach §§ 267 ff. StGB, hier wohl insbesondere § 271 Abs. 2 StGB). Nach dem Recht des Empfangsstaates wäre ein solches Vorgehen also regelmäßig rechtswidrig, obwohl sich das Völkerrecht hierzu indifferent verhält.

Prima facie ergibt sich aus diesem Verstoß gegen nationales Recht ein entsprechendes Interventionsrecht des Empfangsstaates. Dies käme typischerweise in Form der Festnahme des Betroffenen zum Ausdruck, womit der Empfangsstaat schlicht im Rahmen seiner souveränen Handlungsfreiheit agieren würde. Somit dürfte der er des Betroffenen wegen einer solchen (typischerweise strafrechtlich relevanten) Tat habhaft werden, ohne dass es noch auf die Legalität des diplomatischen Asyls ankäme. Man könnte allerdings daran denken, die Verwendung des gefälschten Ausweisdokuments als Gegenmaßnahme auf das zuvor vereitelte freie Geleit zu qualifizieren. Doch scheitert dies nicht nur aus oben genannten Gründen,[111] sondern auch, weil es sich hier um eine Handlung des Betroffenen selbst handelt, der nicht zu völkerrechtlichen Gegenmaßnahmen befähigt ist.

Zu denken ist hingegen an einen nach nationalem Recht bestehenden Rechtfertigungsgrund des Betroffenen, der sich aus der Verwendung des gefälschten Reisepasses zur Verwirklichung des Rechts auf Ausreise ergeben könnte. Ein solcher bemisst sich aber nach rein nationalrechtlichen Kriterien und dürfte im Zweifel wenig hilfreich sein. So wäre es beispielsweise nach deutscher Rechtslage möglich, die verwirklichte mittelbare

Falschbeurkundung[112] durch Verwenden eines gefälschten Ausweisdokuments (§ 271 Abs. 2 StGB[113]) mittels Notstand (§ 34 StGB[114]) zu rechtfertigen. Die dabei vorzunehmende Güterabwägung dürfte durchaus zu Gunsten des Betroffenen ausfallen, weil seine gefährdete Freiheit als geschütztes Interesse dem Festnahmeinteresse des Staates wesentlich überwiegt. Letzteres ist nämlich mit dem gravierenden Makel der Völkerrechtswidrigkeit behaftet, weil es die Verpflichtung zur Gewährung freien Geleits ignoriert. In der Praxis dürfte es allerdings höchst unwahrscheinlich sein, dass eine solche Bewertung, soweit sie rechtlich möglich ist, auch tatsächlich von den zuständigen Behörden und Gerichten geteilt wird.

VI. Ergebnis

Wenn diplomatisches Asyl rechtmäßig gewährt wurde, ist der Betroffene innerhalb der Missionsgrundstücke des Entsendestaates vor sämtlichen Eingriffen des Empfangsstaates geschützt. Dieser Schutzanspruch erstreckt sich darüber hinaus auf die Pflicht des Empfangsstaates, dem Betroffenen freies Geleit zum Zwecke der Ausreise zu gewähren. Wird dies allerdings versagt, verbleiben dem Betroffenen rein praktisch kaum Möglichkeiten, es durchzusetzen.

Im „Fall Assange" jedoch liegt schon kein völkerrechtskonformes diplomatisches Asyl vor, weshalb *Assange* deshalb auch aufgrund dieses Instituts keinen völkerrechtlichen Schutz vor Eingriffen Großbritanniens genießen kann. Damit ist jedoch die rechtliche Betrachtung des diplomatischen Konflikts zwischen Ecuador und Großbritannien noch nicht beendet. Denn Ecuador handelte zwar völkerrechtswidrig, allerdings begründet diese Rechtslage für sich genommen noch kein Zugriffsrecht Großbritanniens auf *Assange*. Dazu müssten vielmehr weitere Schutzmechanismen jenseits der Diskussion um diplomatisches Asyl außer Kraft treten, was im Folgenden zu erörtern ist.

---

[110] Näher dazu *Bearman* (oben Fn. 24).
[111] Siehe oben B.V.2.

[112] Dazu statt vieler *Freund*, in: Münchener Kommentar zum StGB, 1. Aufl. 2006, § 271, Rn. 37 ff.
[113] Dies ergibt sich *e contrario* aus dem speziellen Rechtfertigungsrund in § 110a Abs. 3 StPO.
[114] Dies gilt auch gegen hoheitliche Eingriffe, ausführlich dazu *Erb*, in: Münchener Kommentar zum StGB, 2. Aufl. 2011, § 34, Rn. 45 ff.

C. Schutzmöglichkeiten trotz völkerrechtswidrigen diplomatischen Asyls

Art und Umfang denkbarer Schutzmöglichkeiten, von welchen eine rechtswidrig diplomatisches Asyl genießende Person wie *Assange* profitieren könnte, bemessen sich am allgemeinen Recht der diplomatischen Beziehungen, wie es im WÜD und im gleichlautenden Völkergewohnheitsrecht zum Ausdruck kommt. Zu unterscheiden ist dabei zwischen *Assanges* Möglichkeiten, in Großbritannien selbst vor einem Zugriff geschützt zu werden, sowie unbehelligt aus Großbritannien ausreisen zu können.[115]

I. Schutzmöglichkeiten bei Aufenthalt im Empfangsstaat

Sicherer Schutz bei Aufenthalt im Empfangsstaat kann von vornherein nur innerhalb des Missionsgeländes gewährt werden. Zur genaueren Untersuchung ist – unabhängig von der Rechtmäßigkeit des diplomatischen Asyls – der Grundsatz der Unverletzlichkeit der Mission heranzuziehen.

1. Der Grundsatz der Unverletzlichkeit der Mission

Als potentiell aussichtsreicher Schutz vor Zugriffen britischer Behörden drängt sich das bereits beschriebene[116] Prinzip der Unverletzlichkeit der Mission gemäß Art. 22 Ziff. 1 WÜD auf. Demnach sind sämtliche zur Mission des Entsendestaates gehörigen Grundstücke vor Zugriffen des Empfangsstaates geschützt; Angehörige des Empfangsstaates dürfen sie nur mit Zustimmung des Missionsleiters betreten.[117] Eine konsensfähige[118] (all-

gemein völkerrechtliche) Ausnahme von diesem Grundsatz besteht nur bei Vorliegen einer völkerrechtlichen Selbstverteidigungslage.[119] Des Weiteren dürften weitere Notstandskonstellationen im Einzelfall dem Prinzip der Unverletzlichkeit vorgehen, etwa für den Fall dass sich bewaffnete Terroristen auf dem Missionsgelände verschanzen oder sonstige nicht anders abwendbare Gefahren für Leib und Leben (z.B. Lagerung einer Atomwaffe) von einer Mission ausgehen.[120] Ein derartiges Eingriffsnotrecht ist jedoch im „Fall Assange" unter keiner der zu diesem Themenkomplex mannigfaltig vertretenen Auffassungen[121] ersichtlich.

Ob darüber hinaus die – wie hier – rechtswidrige Gewährung diplomatischen Asyls auf dem Botschaftsgelände ein Eingriffsrecht des Empfangsstaates begründet, ist im WÜD jedenfalls nicht direkt geregelt. Ein solches könnte sich aber aus dem Rechtsgedanken von Art. 43 Ziff. 3 WÜD ergeben, der eine Nutzung der Mission für Zwecke jenseits diplomatischer Funktionen nicht gestattet. Diese Zwecküberschreitung[122] könnte dann die Unverletzlichkeit der Mission einschränken und insoweit ein Eingriffsrecht des Aufenthaltsstaates gewähren.[123] Eine ebensolche Möglichkeit wurde auch innerhalb der International Law Commission (ILC) im Rahmen ihrer vorbereitenden Entwürfe zum WÜD diskutiert. Demnach enthielten zwei Entwürfe des Kommissionsmitglieds *Fitzmaurice* betreffend die Unverletzlichkeit der Mission einen Zusatz, der die Unverletzlichkeit der Mission nicht für einige Fälle des diplomatischen Asyls (und somit als Spezialfall der Zwecküberschreitung) gelten lassen wollte.[124] Dieser Passus wurde jedoch innerhalb der ILC einhellig verworfen, weil man das diplomatische Asyl gerade nicht im Vertragswerk zu diplomatischen Beziehungen geregelt wis-

---

[115] Die möglichen Optionen *Assanges* sind durchaus von hoher praktischer Bedeutung, weil die britische Polizei (z.B. laut *Der Spiegel* Nr. 43/2012, S. 109, sowie *Die Zeit* Nr. 18/2013, S. 45) den Eingang zur Botschaft rund um die Uhr bewacht und *Assange* bei Verlassen des Geländes unverzüglich festzunehmen gedenkt.

[116] Siehe oben unter B.I.

[117] Aus diesem Erfordernis wird für gewisse Notstandssituationen ein Zutrittsrecht auch dann abgeleitet, wenn die Zustimmung des Missionsleiters wegen Dringlichkeit bei Gefahr für wichtige Rechtsgüter nicht mehr eingeholt werden kann, siehe *d'Aspremont* (oben Fn. 14), Rn. 15, oder

Richtsteig (oben Fn. 16), S. 45; auf eine solche Konstellation kommt es hier aber nicht an.

[118] Zu weiteren diskutierten, aber fast einhellig abgelehnten Ausnahmen vgl. *d'Aspremont* (oben Fn. 14), Rn. 16 ff.

[119] *Denza* (oben Fn. 15), S. 150.

[120] Kritisch dazu aber *Stein/von Buttlar* (oben Fn. 15), Rn. 742.

[121] Vgl. z.B. jüngst *Schiffbauer*, Vorbeugende Selbstverteidigung im Völkerrecht, Berlin 2012, m.w.N.

[122] Davon zu unterscheiden ist aber ein möglicher kompletter Wegfall des Missionszwecks, etwa bei gänzlichem Abbruch diplomatischer Beziehungen, siehe sogleich.

[123] Siehe oben unter B.II.2.

[124] ILC Yearbook 1957, Vol. I, S. 54 ff.; dazu weitergehend *Denza* (oben Fn. 15), S. 140 f.

sen wollte.[125] Die ILC war darüber hinaus mehrheitlich der Meinung, dass ein Verstoß gegen Regeln des diplomatischen Asyls nach geltendem Völkerrecht jedenfalls nicht das absolut geltende Prinzip der Unverletzlichkeit der Mission beeinträchtigen könnte.[126] Zum Zeitpunkt der Entstehung des WÜD, zu welchem das einem hier diskutierten Eingriffsrecht zu Grunde liegende funktionelle Verständnis des Missionsschutzes bereits etabliert war, sollte also das Prinzip der Unverletzlichkeit der Mission gleichwohl uneingeschränkt gelten.

An dieser Sichtweise änderte sich auch nichts in Folge der späteren Staatenpraxis.[127] Somit wäre ein Zugriff Großbritanniens auf dem Botschaftsgelände Ecuadors zur Ergreifung *Assanges* selbst dann rechtswidrig, wenn die vorherige Gewährung diplomatischen Asyls durch Ecuador – wie hier vertreten – ebenfalls rechtswidrig war.

Aus diesen Gründen bereits scheidet auch ein Zugriff in Ausübung einer Gegenmaßnahme auf einen völkerrechtswidrigen Akt aus.[128] Zudem wäre eine gegen die Unverletzlichkeit der Mission gerichtete Gegenmaßnahme schon tatbestandlich nicht mit dem Recht der Staatenverantwortlichkeit zu vereinbaren, wie Art. 50 Abs. 2 lit. a des entsprechenden ILC-Entwurfs ausdrücklich klarstellt.[129] Beim Diplomatenrecht des WÜD handelt es sich um ein *self-contained regime*, welches Gegenmaßnahmen gerade nicht offen steht. Gleiches bestätigt auch der Kommentar zum ILC-Entwurf zu Art. 50 unter Ziff. 15[130] mit Verweis auf die IGH-Entscheidung im „Teheraner Geisel-Fall" von 1980.[131] Im Übrigen wiegt das Prinzip der Unverletzlichkeit der Mission, wie sich aus dem soeben Erörterten ergibt, ungleich höher als das Interesse an der Vollstreckung eines Haftbefehls, weshalb eine Gegenmaßnahme auch niemals verhältnismäßig wäre. Außerdem verfolgte diese Gegenmaß-

nahme nicht den Zweck, den völkerrechtswidrigen Zustand – das diplomatische Asyl – aufzuheben. Vielmehr wäre es das Ziel, den Haftbefehl zu vollstrecken; dieses Vollstreckungsziel verhält sich aber indifferent zum völkerrechtswidrigen Status des Asyls.[132]

2. *Zeitlicher Umfang der Unverletzlichkeit*

Davon losgelöst ist jedoch die Frage zu erörtern, bis zu welchem Zeitpunkt der Grundsatz der Unverletzlichkeit der Mission generell (fort-)wirkt. Sollte nämlich das ecuadorianische Botschaftsgelände in London zukünftig einmal nicht mehr geschützt sein und sich *Assange* weiterhin darin aufhalten, könnte Großbritannien dann doch (jedenfalls aus völkerrechtlicher Perspektive) rechtmäßig darauf zugreifen. Das WÜD schweigt zu dieser Fragestellung; doch hilft hier das Völkergewohnheitsrecht weiter. Dem funktionellen Verständnis des Missionsschutzes ist nämlich immanent, dass das Prinzip der Unverletzlichkeit nur so lange gelten kann, wie das entsprechende Gelände auch tatsächlich für diplomatische Zwecke genutzt wird. Üblicherweise wird eine solche Funktionsaufgabe durch förmliche Notifikation seitens des Entsendestaates bekannt gegeben.[133] Bleibt eine solche Benachrichtigung aus – was in Zeiten diplomatischer Krisen nicht unüblich sein dürfte – ist wiederum auf die tatsächliche Funktion abzustellen. Spätestens dann, wenn sich im Empfangsstaat schlicht keine akkreditierten Missionsmitglieder mehr befinden, kann das Botschaftsgelände funktionell kein Missionsgelände mehr sein. Wird die Mission jedoch weiterhin auch für diplomatische Zwecke genutzt – obwohl Teilweise für rechtswidrige Aktivitäten wie die Gewährung diplomatischen Asyls – fällt ihre Funktion als solche gerade nicht weg. Es gilt weiterhin das Prinzip der Unverletzlichkeit; eine „Teilverletzlichkeit" kann es, wie sich bereits im Vorabschnitt gezeigt hat, rein praktisch nicht geben.

Die sich daraus ergebenden Rechtsfolgen regelt Art. 45 WÜD umrissartig; der Respekt für die Mission und ein gewisser Mindestschutz für Vermögenswerte müssen jedenfalls fortbestehen. Hinsicht-

---

[125] *d'Aspremont* (oben Fn. 14), Rn. 23; *Denza* (oben Fn. 15), S. 141.

[126] *Denza* (oben Fn. 15), S. 141, m.w.N.

[127] *Denza* (oben Fn. 15), S. 147 ff.; *Randelzhofer* (oben Fn. 13), Rn. 18.

[128] Zur Gegenmaßnahme statt vieler *Schröder* (oben Fn. 60), Rn. 29 f.

[129] Yearbook of the International Law Commission, 2001, Vol. II (Part Two), http://untreaty.un.org/ilc/texts/instruments/english/commentaries/9_6_2001.pdf.

[130] Yearbook of the International Law Commission, 2001, Vol. II (Part Two) (oben Fn. 129), S. 134.

[131] IGH (oben Fn. 24), S. 3 ff. (38), Ziff. 83.

[132] Vgl. bereits oben unter B.II.3. die spiegelbildliche Argumentation aus Sicht zur Rechtfertigung des diplomatischen Asyls.

[133] *d'Aspremont* (oben Fn. 14), Rn. 8.

lich des konkreten Umgangs mit (sodann ehemaligen) Missionsgrundstücken hat sich insbesondere unter Beteiligung Großbritanniens die Praxis herausgebildet, zur Wahrung des Respekts das Prinzip der Unverletzlichkeit für eine angemessene Zeit weiter aufrecht zu erhalten. Namentlich nachdem 1984 zwischen Großbritannien und Libyen die diplomatischen Beziehungen zeitweise abgebrochen worden waren, gestand die britische Regierung dem libyschen Botschaftsgelände noch eine Unverletzlichkeit für sieben Tage zu.[134] Sollte sich also Großbritannien dazu entschließen, die diplomatischen Beziehungen mit Ecuador zu beenden, könnte *Assange* noch sieben Tage nach Ausreise des letzten ecuadorianischen Diplomaten in der Botschaft unbehelligt verharren, wäre sodann aber einem britischen Zugriff rechtmäßig ausgesetzt.

II. Sichere Ausreise trotz rechtswidrigen diplomatischen Asyls

Anknüpfend an die bereits erörterte Frage zur Durchsetzung eines eventuellen Anspruchs auf Gewährung freien Geleits aufgrund rechtmäßigen diplomatischen Asyls ergeben sich teils weitere, teils sich überschneidende Möglichkeiten der sicheren Ausreise trotz rechtswidrigen Asyls. Auch wenn diese teils verwegen erscheinen, sind ungewöhnliche Maßnahmen jedenfalls nicht davon befreit, sich am Völkerrecht messen zu lassen. Die hier beispielhaft an der Person *Assanges*[135] durchgespielten Möglichkeiten lassen sich zwanglos auch auf andere Situationen zum Themenkomplex „diplomatisches Asyl" übertragen.

1. *Durch Änderung des persönlichen Status*

Zu denken wäre zunächst an einen personenbezogenen Ansatz im Hinblick auf den Status *Assanges*. Ecuador könnte nämlich – die Vereinbarkeit mit nationalem Recht unterstellt – auf die Idee kommen, *Assange* einzubürgern und sodann zum Diplomaten zu ernennen, um so für ihn diplomatische Immunität gemäß Art. 29 WÜD zu erzwingen.[136] Eine Zustimmung des Empfangsstaates ist dafür nicht erforderlich. Denn im Umkehrschluss zu Art. 4 Ziff. 1 WÜD, der eine Agrément für den Chef der Mission zwingend voraussetzt, sowie aus der bloßen Notifizierungspflicht für übrige Mitglieder der Mission aus Art. 10 WÜD folgt, dass eine Akkreditierung der übrigen Missionsmitglieder im Empfangsstaat mangels Regelung im WÜD gerade nicht konstitutiv ist. In der Folge könnte Großbritannien *Assange* zwar umgehend zur *persona non grata* gemäß Art. 9 WÜD erklären.[137] In diesem Fall müsste und würde ihn Ecuador umgehend in sein (dann neues) Heimatland gemäß Art. 9 Ziff. 1 WÜD abberufen, um den so gewonnenen diplomatischen Schutz aufrecht zu erhalten. Nur wenn eine solche Abberufung nicht umgehend erfolgen sollte (was im „Fall Assange" ausgeschlossen sein dürfte), verlöre *Assange* gemäß Art. 9 Ziff. 2 WÜD seine gerade erst gewonnene diplomatische Immunität und könnte dann wieder – außerhalb der Mission – festgenommen werden.[138]

Voraussetzung für dieses Konstrukt ist jedoch zunächst einmal, dass *Assange* der Status eines ecuadorianischen Diplomaten gemäß Art. 1 lit. e WÜD völkerrechtlich wirksam zukommen kann. Grundsätzlich darf jeder Entsendestaat gemäß Art. 7 WÜD sein diplomatisches Personal frei bestimmen; selbst Missbrauchsfälle zum Zwecke der Ausdehnung des diplomatischen Corps (und damit auch des diplomatisch immunen Personenkreises) auch auf funktionsfremdes Personal wie etwa Lehrer hindern zunächst einmal die Wirksamkeit der Bestellung von Diplomaten nicht, weil dies im geschlossenen System des WÜD nicht vorgesehen ist.[139]

Ernannte man allerdings *Assange* zum Diplomaten, läge eine nicht mit „branchenüblichen" Fällen vergleichbare Missbrauchskonstellation vor. Denn neben dem gewöhnlichen offensichtlichen Missbrauch zur Erschleichung diplomatischer Immunität

---

[134] *d'Aspremont* (oben Fn. 14), Rn. 10; siehe dazu unten unter D. auch die Ausführungen zur britischen Rechtslage, welche als Reaktion auf den hier angesprochenen Vorfall entstand.

[135] *Assange* sieht im *Zeit*-Interview mit *Lacroix* (oben Fn. 5) „viele" Möglichkeiten seine Situation zu verändern, sei aber „in erster Linie" nicht daran interessiert.

[136] Gleiches gilt für jede andere theoretisch mögliche – wenn auch noch abwegigere – Funktion, die eine Immunität *Assanges* zur Folge haben könnte, wie beispielsweise eine (kurzzeitige) Ernennung zum Außenminister Ecuadors.

[137] Insgesamt *d'Aspremont*, Persona Non Grata, in: Max Planck Encyclopedia of Public International Law, http://mpepil.com; *Denza* (oben Fn. 15), S. 73 ff.

[138] *d'Aspremont* (oben Fn. 137), Rn. 12.

[139] Vgl. *Hailbronner/Kau* (oben Fn. 13), Rn. 53.

wäre Ecuador zusätzlich ein widersprüchliches Verhalten vorzuwerfen. Dies ergibt sich aus der vorherigen (wenn auch rechtswidrigen) Gewährung diplomatischen Asyls zu Gunsten *Assanges*, weil üblicherweise – wie sich hier zeigt – der unvermittelte Statuswechsel vom Asylanten zum Diplomaten eine Negierung der zuvor durch den Entsendestaat bewusst selbst geschaffenen Tatsachen offenbart. Denn zwischen dem Asylgesuch *Assanges* vom 19. Juni 2012 und der Bewilligung durch Ecuador am 16. August 2012 vergingen immerhin knapp zwei Monate, innerhalb derer sich Ecuador auch für *Assanges* mögliche Aufnahme in den diplomatischen Dienst hätte entscheiden können, was aber trotz ausreichender Bedenkzeit gerade nicht geschah. Damit verdeutlichte Ecuador, ihn gerade nicht zum Zwecke der Aufnahme ins diplomatische Corps auf dem Gelände der Botschaft verweilen zu lassen. Ein nachträgliches Ernennen zum Diplomaten als einseitiger Akt wäre deshalb ein nicht aufzulösender Widerspruch zu seinem zunächst nur zugedachten Status als Asylant. Dieser widersprüchliche Akt führte nach dem völkerrechtlichen Prinzip von Treu und Glauben (wie es auch Art. 2 Ziff. 2 SVN verkörpert) zur anfänglichen – jedenfalls völkerrechtlichen – Unwirksamkeit eines etwaigen Diplomatenstatus *Assanges*,[140] der damit bei einem Ausreiseversuch mangels eines entsprechenden Privileges keinen Schutz genösse.

Weniger völkerrechtlich, sondern tatsächlich kompliziert dürfte sich ein anderer denkbarer Statuswechsel erweisen. Es besteht nämlich auch die Möglichkeit, sich durch Eheschließung diplomatischen Schutz zukommen zu lassen. Angehörige von Diplomaten genießen nämlich über Art. 37 Ziff. 1 i.V.m. Art. 26 WÜD dieselben Immunitätsrechte wie die Diplomaten selbst. Zwar ist *Assange* – jedenfalls scheint es so – unverheiratet, doch dürfte es mehr als fraglich erscheinen, dass er sich in das ohnehin spärlich besetzte ecuadorianische Botschaftspersonal wird einheiraten können.

2. *Durch Beförderungsmittel der Mission*

Auch ohne Statusänderung käme für *Assange* ferner eine Ausreise mit einem Beförderungsmittel

der Mission in Betracht, wie sie bereits oben allgemein dargestellt wurde.[141]

Positive praktische Relevanz für *Assange* hat die Unverletzlichkeit diplomatischer Beförderungsmittel freilich nicht. Erstens ist Ecuador per Fahrzeug von London aus unerreichbar. Zweitens müsste *Assange*, sollte er mit einem Botschaftsfahrzeug tatsächlich einen Flughafen erreichen, spätestens dort das Fahrzeug verlassen und würde sodann festgenommen. In das Reich des Hollywood-Kinos verortet gehört wohl schließlich die besonders spektakuläre Möglichkeit, mit dem Fahrzeug direkt in ein ecuadorianisches und zugleich diplomatisch geschütztes Frachtflugzeug zu fahren und damit das Land zu verlassen. Eine Zuordnung des Flugzeuges zur Mission als Voraussetzung für diplomatischen Schutz dürfte kaum gelingen.[142] Zudem könnte der Zugang zum Rollfeld von den britischen Behörden einfach abgeriegelt werden, weil sich der Schutz von Beförderungsmitteln der Mission zwar auf deren Unversehrtheit, nicht aber deren Bewegungsfreiheit erstreckt. Letztere ist nicht von dem abschließenden Katalog in Art. 22 Ziff. 3 WÜD umfasst.[143]

Auch eine spektakuläre Evakuierung *Assanges* aus dem Botschaftsgebäude per Hubschrauber ist keine erfolgversprechende Option. Auch hier ist – ähnlich wie beim Frachtflugzeug – die Zuordnung als Beförderungsmittel der Mission nur schwer nachzuvollziehen, weil ecuadorianische Diplomaten sich sonst wohl nur selten zu Dienstzecken innerhalb Großbritanniens im Helikopter fortbewegen. Ferner ist es rein praktisch zweifelhaft, wie *Assange* aus der Londoner Erdgeschosswohnung heraus in einen Hubschrauber steigen und dann mit diesem das über 9.000 Kilometer entfernte Ecuador jemals erreichen könnte.

In Beförderungsmitteln der Mission könnte sich *Assange* somit zwar unbehelligt in Großbritannien fortbewegen. Er könnte aber weder das Beförde-

---

[140] Statt vieler *Graf Vitzthum* (oben Fn. 67), 1. Abschn., Rn. 149.

[141] Siehe oben B.V.2.

[142] Zum auch bei Fahrzeugen geltenden funktionellen Schutzbegriff vgl. die Entstehungsgeschichte des WÜD etwa bei *Richtsteig* (oben Fn. 16), S. 44.

[143] Dies ergibt sich insbesondere aus wertendem Vergleich mit den diskutierten zulässigen Möglichkeiten, ein Diplomatenfahrzeug zum Zwecke besonderer Sicherheitsinteressen sogar abschleppen zu lassen, vgl. *Denza* (oben Fn. 15), S. 160 f.

rungsmittel, geschweige denn das Land selbst auf diese Weise verlassen.

3. Durch Diplomatengepäck oder -fracht

Ecuador könnte ferner auf die verwegene Idee kommen, *Assange* mittels diplomatischen Kuriers außer Landes befördern zu lassen. Diese Möglichkeit wurde ebenfalls bereits oben allgemein dargestellt.[144] Wie sich gezeigt hat, dürften solche Versuche zum Scheitern verurteilt sein. *Assange* würde wohl am Flughafen entdeckt, woraufhin die britischen Behörden das Kuriergepäck bloß zurückhalten bräuchten. Sodann kann geduldig abgewartet werden – entweder bis *Assange* „ausgehungert" ist und das Gepäck freiwillig verlässt oder die ecuadorianischen Botschaftsangehörigen das Scheitern ihres Planes bemerken und das Gepäck zurückholen.

4. Durch Identitätstäuschung

Schließlich könnte *Assange* versucht sein, unter einer falschen Identität aus Großbritannien auszureisen. Auch die rechtlichen und tatsächlichen Erfolgsaussichten eines solchen Vorgehens wurden bereits erörtert.[145]

Die sich um den Themenkomplex der Identitätstäuschung rankenden Rechtsprobleme dürften Assange kaum tangieren, weil das ihm gewährte diplomatische Asyl ohnehin illegal ist und er sich daher von drohender (weiterer) Strafverfolgung wegen eines Urkundsdelikts kaum würde beeindrucken lassen. Besonders im „Fall Assange" dürfte eine derartige Taktik allerdings aussichtslos erscheinen, weil die Anzahl der in der ecuadorianischen Botschaft verkehrenden Personen überschaubar ist und zudem die Eingänge der Mission ständig von der britischen Polizei überwacht werden. Selbst wenn es gelingen sollte, *Assange* bis zur Unkenntlichkeit äußerlich zu verändern und ihn mit einem gefälschten Pass auszustatten, dürfte es den britischen Behörden auffallen, wenn eine zuvor nicht registrierte Person die Botschaft verlässt. Zu deren Kontrolle und Enttarnung würde es dann wohl spätestens am Flughafen kommen.

III. Ergebnis

Solange sich *Assange* auf dem Missionsgelände aufhält und dasselbe seine Funktion behält, ist er völkerrechtlich vor Zugriffen britischer Behörden geschützt. Eine Möglichkeit der Ausreise aus Großbritannien dürfte hingegen weder rechtlich noch tatsächlich realisierbar sein.

D. Der britische Diplomatic and Consular Premises Act 1987

Nachdem nun die Völkerrechtslage dargestellt wurde, stellt sich angesichts der in Medienberichten bemühten Drohung des britischen Außenministeriums, gewaltsam in die ecuadorianische Botschaft einzudringen, nur noch die Frage, wie sich das Recht Großbritanniens zu einem solchen Vorgehen verhält. Es wäre nämlich bemerkenswert, wenn das innerstaatliche Recht eines anerkanntermaßen völkerrechtsfreundlichen Staates wie Großbritannien nicht im Einklang mit dem Völkerrecht stehen würde; genau diesen Schluss aber lässt die augenscheinlich aufgeregte Medienberichterstattung zum „Fall Assange" zu. Deswegen ist das entsprechende britische Gesetz, nämlich der hier entscheidende *Diplomatic and Consular Premises Act 1987*,[146] genauer zu untersuchen.

Als Reaktion auf einen Zwischenfall in der libyschen Botschaft 1984, als eine Person vom Botschaftsgelände aus tödliche Schüsse in die Öffentlichkeit abgab, erließ das Parlament das genannte Gesetz, um eine bessere Kontrolle über den Status diplomatischer Missionsgrundstücke zu erlangen. Im „Fall Assange" wird medial folgende reißerische Auslegung dieses Gesetzes ins Gespräch gebracht: Der britische Außenminister könnte der ecuadorianischen Botschaft ihren Status als diplomatische Mission entziehen, das Grundstück unterläge dann nicht mehr dem Prinzip der Unverletzlichkeit, weshalb ein Zugriff auf das Gelände möglich wäre.[147] Tatsächlich lauten die entscheidenden Passagen der hier anwendbaren Ziff. 1 des *Diplomatic and Consular Premises Act 1987* wie folgt:

---

[144] Siehe oben B.V.3.
[145] Siehe oben B.V.4.
[146] Abrufbar unter http://www.legislation.gov.uk/ukpga/ 1987/46.
[147] Siehe oben Fn. 9.

(1) Subject to subsection (2) below, where a State desires that land shall be diplomatic or consular premises, it shall apply to the Secretary of State for his consent to the land being such premises.

(2) A State need not make such an application in relation to land if the Secretary of State accepted it as diplomatic or consular premises immediately before the coming into force of this section.

(3) In no case is land to be regarded as a State's diplomatic or consular premises for the purposes of any enactment or rule of law unless it has been so accepted or the Secretary of State has given that State consent under this section in relation to it; and if—

    (a) a State ceases to use land for the purposes of its mission or exclusively for the purposes of a consular post; or

    (b) the Secretary of State withdraws his acceptance or consent in relation to land,

it thereupon ceases to be diplomatic or consular premises for the purposes of all enactments and rules of law.

(4) The Secretary of State shall only give or withdraw consent or withdraw acceptance if he is satisfied that to do so is permissible under international law.

Es darf davon ausgegangen werden, dass die ecuadorianische Botschaft bislang als diplomatisches Grundstück gemäß Abs. 3 zählt, auch weil die dafür gemäß Abs. 1 notwendige Zustimmung des Außenministers vorlag. Diesen Status könnte sie jedoch entweder nach Abs. 3 lit. a oder lit. b verlieren.

Für einen Statusverlust nach lit. a – im vorliegenden Fall nach dessen erster Variante – müsste die Botschaft nicht mehr für den Zweck der Mission benutzt werden, sie würde dann automatisch ihr Privileg verlieren. Aus dem Vergleich zur zweiten Variante – bei einem Konsulat genügt schon der Wegfall der Nutzung ausschließlich (*sic!*) für konsularische Zwecke – ergibt sich, dass bei Botschaften eine solche Ausschließlichkeit gerade nicht verlangt wird. Solange also weiterhin auch diplomatische Zwecke auf dem Botschaftsgelände verfolgt werden – wie dies vorliegend der Fall ist – kann die ecuadorianische Botschaft ihren Status schon nicht nach britischem Recht verlieren; inso-

weit spiegelt die britische Rechtslage lediglich das geltende Völkerrecht wider.[148]

Es kommt also nur noch ein Statusverlust nach lit. b in Betracht. Dazu müsste der britische Außenminister seine vorherige Zustimmung zur Nutzung des Grundstücks als Missionsgelände widerrufen. Aus dem (hier nicht wiedergegebenen) Abs. 5 ergeben sich nur kurze Richtlinien, die er bei seiner Entscheidung für oder gegen einen Widerruf zu beachten hat; dabei geht es vor allem um örtliche Sicherheits- und raumplanerische Aspekte. Entscheidend ist aber, dass der Widerruf gemäß Abs. 4 nur in der Überzeugung ausgesprochen werden darf, im Einklang mit dem Völkerrecht zu stehen. Es ist jedoch schwer vorstellbar, dass der Außenminister angesichts der aufgezeigten Völkerrechtslage davon überzeugt wäre, ein Statuswiderruf wäre nur deshalb völkerrechtskonform, um Zugang zum Botschaftsgelände zu erlangen und infolgedessen einen Haftbefehl zu vollstrecken. Dem steht das absolut geltende Prinzip der Unverletzlichkeit der Mission entgegen, auf dessen Unkenntnis sich ein Außenminister schon wegen der ihm zu unterstellenden Völkerrechtskenntnis nicht berufen kann. Ein gleichwohl erklärter Widerruf wäre demnach unwirksam. Folglich kann die ecuadorianische Botschaft auch nach lit. b ihren Status nicht verlieren.

Der *Diplomatic and Consular Premises Act 1987* steht also schon nicht dem ermittelten Völkerrecht entgegen. Anders lautende mediale Spekulationen sind deswegen nicht nur reißerisch, sondern schlicht haltlos. Keiner weiteren Erörterung bedarf es deshalb auch, dass sich sogar eine gegenteilige Rechtslage in Großbritannien nicht negativ auf das Völkerrecht auswirken kann. Eine solche besteht nicht.

E. Gesamtergebnis

Unabhängig von einem – in der Regel rechtswidrig gewährten – diplomatischen Asyl sind im Aufenthaltsstaat zur Festnahme ausgeschriebene Personen innerhalb des Missionsgeländes eines Entsendestaates geschützt, solange das entsprechende Grundstück auch zu diplomatischen Zwecken genutzt wird. Dabei ist es nicht von Bedeutung, ob

---

[148] Siehe oben C.I.

sich der Entsendestaat rechtmäßig verhalten hat oder nicht. Diese Frage wird erst außerhalb dieses Grundstücks relevant, denn bei rechtswidrigem Verhalten besteht ein entsprechender Schutz außerhalb des Missionsgeländes – selbst unter Einbeziehung diplomatischer Privilegien – nicht. Sich als Empfangsstaat im Recht zu befinden bedeutet daher nicht zwangsläufig, von diesem Recht auch zu profitieren.

So ist auch der „Fall Assange" gelagert. Großbritannien befindet sich im Recht. Es kann von Ecuador die Überstellung *Assanges* verlangen. Jedoch fehlen entsprechende Durchsetzungsmechanismen zur Wahrung dieses Rechts. Im Rahmen der Selbsthilfe sind britische Behörden darauf angewiesen, dass *Assange* einen Fehler begeht und – in welcher Form auch immer – das Botschaftsgelände verlässt, weil sie nach geltendem Völkerrecht keine Zugriffsmöglichkeit auf dem Missionsgrundstück haben. Dies ließe sich nur dann ändern, wenn Großbritannien die Funktionslosigkeit des Missionsgeländes herbeiführte. Dies vermag völkerrechtlich nur durch Abbruch der diplomatischen Beziehungen zu Ecuador erreicht werden, in deren Folge sämtliche ecuadorianische Diplomaten zu *personae non gratae* erklärt würden. Wenn diese die Botschaft verlassen haben würden, könnte Großbritannien nach etwa sieben Tagen Wartezeit auf *Assange* zugreifen. Diese Lösung würde aber höchstwahrscheinlich zu schwerwiegenden diplomatischen Spannungen auch mit den restlichen Ländern Lateinamerikas führen. Darauf lässt jedenfalls die eingangs erwähnte Solidaritätserklärung sämtlicher lateinamerikanischer Staaten unmittelbar nach der Berichterstattung über die britische diplomatische Note schließen.[149] Es bestünde die realistische Gefahr, dass britische Diplomaten bald in weiten Teilen des amerikanischen Kontinents unerwünscht wären und so der politische Einfluss Großbritanniens in der Region vernichtend geschwächt würde.

Eine andere Möglichkeit wäre es, ein Verfahren vor dem IGH anzustrengen, wenn sich Ecuador darauf einließe. Dies hätte Aussicht auf Erfolg, dem jedoch ein langwieriger Prozess voranginge. Im Übrigen entstünden sodann Folgeprobleme bei der Vollstreckung eines begünstigenden IGH-Urteils. Gleichwohl wäre dies – neben sicher fortdauernden diplomatischen Verhandlungen im Hintergrund –

die am ehesten Erfolg versprechende Lösung, weil in einem solchen Verfahren die ecuadorianische Ehre und Völkerrechtstreue auf eine Probe gestellt wird. Genau diese Probe würde ein solch stolzes Land sicher gerne bestehen.

---

[149] Siehe oben Fn. 10.

F. Anhang: Die Stellungnahme Ecuadors vom 16.08.2012 im Wortlaut

I.   Spanisch: Declaración del Gobierno de la República del Ecuador sobre la solicitud de asilo de Julian Assange[150]

El 19 de junio de 2012, el ciudadano de nacionalidad australiana Julian Assange, se presentó en el local de la Embajada del Ecuador en Londres, a fin de solicitar la protección diplomática del Estado ecuatoriano, acogiéndose a las normas sobre Asilo Diplomático vigentes. El requirente ha basado su pedido en el temor que le produce la eventual persecución política que podría sufrir en un tercer Estado, el mismo que podría valerse de su extradición al Reino de Suecia para obtener a su vez la extradición ulterior a aquel país.

El Gobierno del Ecuador, fiel al procedimiento del Asilo, y atribuyendo la máxima seriedad a este caso, ha examinado y evaluado todos los aspectos implicados en el mismo, particularmente los argumentos presentados por el señor Assange para respaldar el temor que siente ante una situación que esta persona percibe como un peligro para su vida, su seguridad personal y su libertad.

Es importante señalar que el señor Assange ha tomado la decisión de solicitar el asilo y protección del Ecuador por las acusaciones que, según manifiesta, le han sido formuladas por supuesto "espionaje y traición", con lo cual este ciudadano expone *el temor que le infunde la posibilidad de ser entregado a las autoridades de los Estados Unidos de América por las autoridades británicas, suecas o australianas,* pues aquel es un país, señala el señor Assange, *que lo persigue debido a la desclasificación de información comprometedora para el Gobierno estadounidense.* Manifiesta, asimismo, el solicitante, que "es víctima de una persecución en distintos países, la cual deriva no solo de sus ideas y sus acciones, sino de su trabajo al publicar información que compromete a los poderosos, de publicar la verdad y, con ello, desenmascarar la corrupción y graves abusos a los derechos humanos de ciudadanos alrededor del mundo".

Por lo tanto, para el solicitante, la imputación de delitos de carácter político es lo que fundamenta su pedido de asilo, pues en su criterio, se encuentra ante una situación que supone para él un peligro inminente que no puede resistir. A fin de explicar el temor que le infunde una posible persecución política, y que esta posibilidad termine convirtiéndose en una situación de menoscabo y violación de sus derechos, con riesgo para su integridad y seguridad personal, y su libertad, el Gobierno del Ecuador consideró lo siguiente:

1.   Que Julian Assange es un profesional de la comunicación galardonado internacionalmente por su lucha a favor de la libertad de expresión, la libertad de prensa y de los derechos humanos en general;

2.   Que el señor Assange compartió con el público global información documental privilegiada que fue generada por diversas fuentes, y que afectó a funcionarios, países y organizaciones;

3.   Que existen serios indicios de retaliación por parte del país o los países que produjeron la información divulgada por el señor Assange, represalia que puede poner en riesgo su seguridad, integridad, e incluso su vida;

4.   Que, a pesar de las gestiones diplomáticas realizadas por el Estado ecuatoriano, los países de los cuales se han requerido garantías suficientes para proteger la seguridad y la vida del señor Assange, se han negado a facilitarlas;

5.   Que, existe la certeza de las autoridades ecuatorianas de que es factible la extradición del señor Assange a un tercer país fuera de la Unión Europea sin las debidas garantías para su seguridad e integridad personal;

6.   Que la evidencia jurídica muestra claramente que, de darse una extradición a los Estados Unidos de América, el señor Assange no tendría un juicio justo, podría ser juzgado por tribunales especiales o militares, y no es inverosímil que se le aplique un trato cruel y degradante, y se le condene a cadena perpetua o a la pena capital, con lo cual no serían respetados sus derechos humanos;

---

[150] Siehe oben Fn. 7.

7. Que, si bien el señor Assange debe responder por la investigación abierta en Suecia, el Ecuador está consciente que la fiscalía sueca ha tenido una actitud contradictoria que impidió al señor Assange el total ejercicio del legítimo derecho a la defensa;

8. Que el Ecuador está convencido de que se han menoscabado los derechos procesales del señor Assange durante dicha investigación;

9. Que el Ecuador ha constatado que el señor Assange se encuentra sin la debida protección y auxilio que debía recibir de parte del Estado del cual es ciudadano;

10. Que, al tenor de varias declaraciones públicas y comunicaciones diplomáticas realizadas por funcionarios de Gran Bretaña, Suecia y Estados Unidos de América, se infiere que dichos gobiernos no respetarían las convenciones y tratados internacionales, y darían prioridad a leyes internas de jerarquía secundaria, contraviniendo normas expresas de aplicación universal; y,

11. Que, si el señor Assange es reducido a prisión preventiva en Suecia (tal y como es costumbre en este país), se iniciaría una cadena de sucesos que impediría que se tomen medidas de protección ulterior para evitar la posible extradición a un tercer país.

De esta forma, el Gobierno del Ecuador considera que estos argumentos dan sustento a los temores de Julian Assange, en tanto este puede ser víctima de una persecución política, como consecuencia de su defensa decidida a favor de la libertad de expresión y de la libertad de prensa, así como de su posición de repudio a los abusos en que suele incurrir el poder en determinados países, aspectos que hacen pensar al señor Assange que, en cualquier momento, puede presentarse una situación susceptible de poner en peligro su vida, seguridad o integridad personal. Este temor le ha conminado a ejercer su derecho humano de buscar y recibir asilo en la Embajada del Ecuador en el Reino Unido.

El Artículo 41 de la Constitución de la República del Ecuador define claramente el derecho de asilar. En virtud de esta disposición, en el Ecuador están plenamente reconocidos los derechos de asilo y refugio, de acuerdo con la ley y los instrumentos internacionales de derechos humanos. Según dicha norma constitucional:

"las personas que se encuentran en situación de asilo y refugio gozarán de protección especial que garantice el pleno ejercicio de sus derechos. El Estado respetará y garantizará el principio de no devolución, además de la asistencia humanitaria y jurídica de emergencia".

Asimismo, el derecho de asilo se encuentra reconocido en el Artículo 4.7 de la Ley Orgánica del Servicio Exterior de 2006, que determina la facultad del Ministerio de Relaciones Exteriores, Comercio e Integración del Ecuador para conocer los casos de asilo diplomático, de acuerdo con las leyes, los tratados, el derecho y la práctica internacional.

Cabe subrayar que nuestro país se ha destacado en los últimos años por acoger a un gran número de personas que han solicitado asilo territorial o refugio, habiendo respetado irrestrictamente el principio de no devolución y de no discriminación, al tiempo que ha adoptado medidas encaminadas a otorgar el estatuto de refugiado de una manera expedita, teniendo en cuenta las circunstancias de los solicitantes, en su gran mayoría colombianos que huyen del conflicto armado en su país. El Alto Comisionado de las Naciones Unidas para los Refugiados ha elogiado la política de refugio del Ecuador, y ha resaltado el hecho significativo de que en el país no se haya confinado en campamentos a estas personas, sino que han sido integradas a la sociedad, en pleno goce de sus derechos humanos y garantías.

El Ecuador sitúa el derecho de asilo en el catálogo universal de los derechos humanos y cree, por tanto, que la aplicación efectiva de este derecho requiere de la cooperación internacional que puedan prestarse nuestros países, sin la cual resultaría infructuoso su enunciado, y la institución sería del todo ineficaz. Por estos motivos, y recordando la obligación que han asumido todos los Estados para colaborar en la protección y promoción de los Derechos Humanos, tal como lo dispone la Carta de las Naciones Unidas, invita al Gobierno británico a brindar su contingente para alcanzar este propósito.

Para estos efectos, el Ecuador ha podido constatar, en el transcurso del análisis de las instituciones jurídicas vinculadas al asilo, que a la conformación de este derecho concurren principios fundamentales del derecho internacional general, los mismos que por su importancia tienen valor y alcance universal, por cuanto guardan consonancia con el interés general de la comunidad internacional en su conjunto, y cuentan con el pleno reconocimiento por parte de todos los Estados. Dichos principios, que se encuentran contemplados en diversos instrumentos internacionales, son los siguientes:

a) El asilo, en todas sus modalidades, es un derecho humano fundamental que crea obligaciones *erga omnes, es decir,* "para todos" los Estados.

b) El asilo diplomático, el refugio (o asilo territorial), y los derechos a no ser extraditado, expulsado, entregado o transferido, son derechos humanos equiparables, ya que se basan en los mismos principios de protección humana: no devolución y no discriminación sin ninguna distinción de carácter desfavorable por motivos de raza, color, sexo, idioma, religión o creencia, opiniones políticas o de otra índole, origen nacional o social, fortuna, nacimiento u otra condición o cualquier otro criterio análogo.

c) Todas estas formas de protección están regidas por los principios *pro homine* (es decir, más favorable a la persona humana), igualdad, universalidad, indivisibilidad, complementariedad e interdependencia.

d) La protección se produce cuando el Estado asilante, de refugio o requerido, o la potencia protectora, consideran que existe el riesgo o el temor de que la persona protegida pueda ser víctima de persecución política, o se le imputan delitos políticos.

e) Corresponde al Estado asilante calificar las causas del asilo, y en caso de extradición, valorar las pruebas.

f) Sin importar en cuál de sus modalidades o formas se presente, el asilo tiene siempre la misma causa y el mismo objeto lícitos, es decir, la persecución política, que es su causa lícita; y salvaguardar la vida, seguridad personal y libertad de la persona protegida, que es el objeto lícito.

g) El derecho de asilo es un derecho humano fundamental, por tanto, pertenece al *ius cogens*, es decir, al sistema de normas imperativas de derecho reconocidas por la comunidad internacional en su conjunto, que no admiten acuerdo en contrario, siendo nulos los tratados y disposiciones del derecho internacional que se les opongan.

h) En los casos no previstos en el derecho vigente, la persona humana queda bajo la salvaguardia de los principios de humanidad y de las exigencias de la conciencia pública, o están bajo la protección y el imperio de los principios del derecho de gentes derivados de los usos establecidos, de los principios de humanidad y de los dictados de la conciencia pública.

i) La falta de convención internacional o de legislación interna de los Estados no puede alegarse legítimamente para limitar, menoscabar o denegar el derecho al asilo.

j) Las normas y principios que rigen los derechos de asilo, refugio, no extradición, no entrega, no expulsión y no transferencia son convergentes, en la medida que sea necesario para perfeccionar la protección y dotarle de la máxima eficiencia. En este sentido, son complementarios el derecho internacional de los derechos humanos, el derecho de asilo y de los refugiados, y el derecho humanitario.

k) Los derechos de protección de la persona humana se basan en principios y valores éticos universalmente admitidos y, por tanto, tienen un carácter humanístico, social, solidario, asistencial, pacífico y humanitario.

l) Todos los Estados tienen el deber de promover el desarrollo progresivo del derecho internacional de los derechos humanos mediante acciones nacionales e internacionales efectivas.

El Ecuador considera que el derecho aplicable al caso de asilo del señor Julian Assange está integrado por todo el conjunto de principios, normas, mecanismos y procedimientos previstos en los instrumentos internacionales de derechos humanos (sean de carácter regional o universal), que contemplan entre sus disposiciones el derecho de buscar, recibir y disfrutar del asilo por motivos políticos; las Convenciones que regulan el derecho de asilo y el derecho de los refugiados, y que reconocen el derecho a no ser entregado, devuelto, o expulsado cuando hay fundados temores de persecución política; las Convenciones que regulan el derecho de extradición y que reconocen el derecho a no ser extraditado cuando esta medida pueda encubrir persecución política; y las Convenciones que regulan el derecho humanitario, y que reconocen el derecho a no ser transferido cuando exista riesgo de persecución política. Todas estas modalidades de asilo y de protección internacional están justificadas por la necesidad de proteger a esta persona de una eventual persecución política, o de una posible imputación de delitos políticos y/o delitos conexos a estos últimos, lo cual, a juicio del Ecuador, no solamente pondría en peligro al señor Assange, sino que además representaría una grave injusticia cometida en su contra.

Es innegable que los Estados, al haber contraído en tan numerosos y sustantivos instrumentos internacionales -muchos de ellos jurídicamente vinculantes- la obligación de brindar protección o asilo a las personas perseguidas por motivos políticos, han expresado su voluntad de establecer una institución jurídica de protección de los derechos humanos y de las libertades fundamentales, fundada en una práctica generalmente aceptada como derecho, lo que atribuye a dichas obligaciones un carácter imperativo, *erga omnes* que, por estar vinculadas al respeto, protección y desarrollo progresivo de los derechos humanos y libertades fundamentales, forman parte del *ius cogens*. Algunos de dichos instrumentos se mencionan a continuación:

a) *Carta de las Naciones Unidas* de 1945, Propósitos y Principios de las Naciones Unidas: obligación de todos los miembros de cooperar en la promoción y protección de los derechos humanos;

b) *Declaración Universal de los Derechos Humanos* de 1948: derecho de buscar y disfrutar del asilo en cualquier país, por motivos políticos (Artículo 14);

c) *Declaración Americana de Derechos y Deberes del Hombre* de 1948: derecho de buscar y recibir asilo, por motivos políticos (Artículo 27);

d) *Convenio de Ginebra* de 12 de agosto de 1949, relativo a la Protección Debida a las Personas Civiles en Tiempos de Guerra: en ningún caso se puede transferir a la persona protegida a un país donde pueda temer persecuciones a causa de sus opiniones políticas (Artículo 45);

e) *Convención sobre el Estatuto de los Refugiados* de 1951, y su Protocolo de Nueva York de 1967: prohíbe devolver o expulsar a los refugiados a países donde su vida y libertad peligren (Artículo. 33.1);

f) *Convención sobre Asilo Diplomático* de 1954: el Estado tiene derecho de conceder asilo y calificar la naturaleza del delito o de los motivos de la persecución (Artículo 4);

g) *Convención sobre Asilo Territorial* de 1954: el Estado tiene derecho a admitir en su territorio a las personas que juzgue conveniente (Artículo 1), cuando sean perseguidas por sus creencias, opiniones o filiación política, o por actos que puedan considerarse delitos políticos (Artículo 2), no pudiendo el Estado asilante devolver o expulsar al asilado que es perseguido por motivos o delitos políticos (Artículo 3); asimismo, la extradición no procede cuando se trata de personas que, según el Estado requerido, sean perseguidas por delitos políticos, o por delitos comunes cometidos con fines políticos, ni cuando la extradición se solicita obedeciendo a móviles políticos (Artículo 4);

h) *Convenio Europeo de Extradición* de 1957: prohíbe la extradición si la Parte requerida considera que el delito imputado es de carácter político (Artículo 3.1);

i) *Declaración 2312 sobre Asilo Territorial* de 1967: establece la concesión de asilo a las personas que tengan ese derecho en virtud del Artículo 14 de la Declaración Universal de Derechos Humanos, incluidas las personas que luchan contra el colonialismo (Artículo 1.1). Se prohíbe la negativa de admisión, la expulsión y devolución a cualquier Estado donde pueda ser objeto de persecución (Artículo 3.1);

j) *Convención de Viena sobre Derecho de los Tratados* de 1969: establece que las normas y principios imperativos de derecho internacional general no admiten acuerdo en contrario, siendo nulo el tratado que al momento de su conclusión entra en conflicto con una de estas normas (Artículo 53), y si surge una nueva norma perentoria de este mismo carácter, todo tratado existente que entre en conflicto con dicha norma es nulo y se da por terminado (Artículo 64). En cuanto a la aplicación de estos artículos, la Convención autoriza a los Estados a demandar su cumplimiento ante la Corte Internacional de Justicia, sin que se requiera la conformidad del Estado demandado, aceptando la jurisdicción del tribunal (Artículo 66.b). Los derechos humanos son normas del *ius cogens*.

k) *Convención Americana sobre Derechos Humanos* de 1969: derecho de buscar y recibir asilo, por motivos políticos (Artículo 22.7);

l) *Convenio Europeo para la Represión del Terrorismo* de 1977: el Estado requerido está facultado para negar la extradición cuando existan el peligro de que la persona sea perseguida o castigada por sus opiniones políticas (Artículo 5);

m) *Convención Interamericana sobre Extradición* de 1981: la extradición no es procedente cuando el reclamado haya sido juzgado o condenado, o vaya a ser juzgado ante un tribunal de excepción o ad hoc en el Estado requirente (Artículo 4.3); cuando, con arreglo a la calificación del Estado requerido, se trate de delitos políticos, o de delitos conexos o de delitos comunes perseguidos con una finalidad política; cuando, de las circunstancias del caso, pueda inferirse que media propósito persecutorio por consideraciones de raza, religión o nacionalidad, o que la situación de la persona corra el riesgo de verse agravada por alguno de tales motivos (Artículo 4.5). El Artículo 6 dispone, en referencia al Derecho de Asilo, que "nada de lo dispuesto en la presente Convención podrá ser interpretado como limitación del derecho de asilo, cuando éste proceda".

n) *Carta Africana de Derechos del Hombre y de los Pueblos* de 1981: derecho del individuo perseguido a buscar y obtener asilo en otros países (Artículo 12.3);

o) *Declaración de Cartagena* de 1984: reconoce el derecho a refugiarse, a no ser rechazado en frontera y a no ser devuelto.

p) *Carta de los Derechos Fundamentales de la Unión Europea* de 2000: establece el derecho de protección diplomática y consular. Todo ciudadano de la Unión podrá acogerse, en el territorio de un tercer país en el que no esté representado el Estado miembro del que sea nacional, a la protección de las autoridades diplomáticas y consulares de cualquier Estado miembro, en las mismas condiciones que los nacionales de este Estado (Artículo 46).

El Gobierno del Ecuador considera importante destacar que las normas y principios reconocidos en los instrumentos internacionales citados, y en otros acuerdos multilaterales, tienen preeminencia sobre el derecho interno de los Estados, pues dichos tratados se basan en una normativa universalizadora orientada por principios intangibles, de lo cual se deriva un mayor respeto, garantía y protección de los derechos humanos en contra de actitudes unilaterales de los mismos Estados. Esto restaría eficacia al derecho internacional, el cual debe más bien ser fortalecido, de tal manera que el respeto de los derechos fundamentales se consolide en función de su integración y carácter ecuménico.

Por otro lado, desde que Julian Assange solicitó asilo político al Ecuador, se han mantenido diálogos de alto nivel diplomático, con Reino Unido, Suecia y Estados Unidos.

En el trascurso de estas conversaciones, nuestro país ha apelado a obtener de Reino Unido las garantías más estrictas para que Julian Assange enfrente, sin obstáculos, el proceso jurídico abierto en Suecia. Dichas garantías incluyen que, una vez ventiladas sus responsabilidades legales en Suecia, no sea extraditado a un tercer país; esto es, la garantía de que no se aplique la figura de la especialidad. Por desgracia, y a pesar de los repetidos intercambios de textos, el Reino Unido en ningún momento dio muestras de querer alcanzar compromisos políticos, limitándose a repetir el contenido de los textos legales.

Los abogados de Julian Assange solicitaron a la justicia sueca que tome las declaraciones de Julian Assange en el local de la Embajada de Ecuador en Londres. El Ecuador trasladó oficialmente a las autoridades suecas su voluntad de facilitar esta entrevista con la intención de no interferir ni obstaculizar el proceso jurídico que se sigue en Suecia. Esta medida es perfecta y legalmente posible. Suecia no lo aceptó.

Por otro lado, el Ecuador auscultó la posibilidad de que el Gobierno sueco estableciera garantías para que no se extraditara en secuencia a Assange a los Estados Unidos. De nuevo, el Gobierno sueco rechazó cualquier compromiso en este sentido.

Finalmente, el Ecuador dirigió una comunicación al Gobierno de Estados Unidos para conocer oficialmente su posición sobre el caso Assange. Las consultas se referían a lo siguiente:

1. Si existe un proceso legal en curso o la intención de llevar a cabo tal proceso en contra de Julian Assange y/o los fundadores de la organización Wikileaks;
2. En caso de ser cierto lo anterior, qué tipo de legislación, en qué condiciones y bajo qué penas máximas estarían sujetas tales personas;
3. Si existe la intención de solicitar la extradición de Julian Assange a los Estados Unidos.

La respuesta de los Estados Unidos ha consistido en que no puede ofrecer información al respecto del caso Assange, alegando que es un asunto bilateral entre Ecuador y Reino Unido.

Con estos antecedentes, el Gobierno del Ecuador, fiel a su tradición de proteger a quienes buscan amparo en su territorio o en los locales de sus misiones diplomáticas, ha decidido conceder asilo diplomático al ciudadano Julian Assange, en base a la solicitud presentada al señor Presidente de la República, mediante comunicación escrita, fechada en Londres, el 19 de junio de 2012, y complementada mediante comunicación fechada en Londres, el 25 de junio de 2012, para lo cual el Gobierno ecuatoriano, tras realizar una justa y objetiva valoración de la situación expuesta por el señor Assange, atendiendo a sus propios dichos y argumentaciones, hace suyos los temores del recurrente, y asume que existen indicios que permiten presumir que puede haber persecución política, o podría producirse tal persecución si no se toman las medidas oportunas y necesarias para evitarla.

El Gobierno del Ecuador tiene la certeza de que el Gobierno Británico sabrá valorar la justicia y rectitud de la posición ecuatoriana, y en consonancia con estos argumentos, confía en que el Reino Unido ofrecerá lo antes posible las garantías o el salvoconducto necesarios y pertinentes a la situación del asilado, de tal manera que sus Gobiernos puedan honrar con sus actos la fidelidad que le deben al derecho y a las instituciones internacionales que ambas naciones han contribuido a forjar a lo largo de su historia común.

También confía en mantener inalterables los excelentes lazos de amistad y respeto mutuo que unen al Ecuador y al Reino Unido y a sus respectivos pueblos, empeñados como están en la promoción y defensa de los mismos principios y valores, y por cuanto comparten similares preocupaciones acerca de la democracia, la paz, el Buen Vivir, que sólo son posibles si se respetan los derechos fundamentales de todos.

COMUNICADO No. 042

II. Englisch: Statement of the Government of the Republic of Ecuador on the asylum request of Julian Assange[151]

On June 19, 2012, the Australian citizen Julian Assange, showed up on the headquarters of the Ecuadorian Embassy in London, with the purpose of requesting diplomatic protection of the Ecuadorian State, invoking the norms on political asylum in force. The requester has based his petition on the fear of an eventual political persecution of which he may be a victim in a third State, which can use his extradition to the Swedish Kingdom to obtain in turn the ulterior extradition to such country.

The Government of Ecuador, faithful to the asylum procedure, and attributing the greatest seriousness to this case, has examined and assessed all the aspects implied, particularly the arguments presented by Mr. Assange backing up the fear he feels before a situation that this person considers as a threat to his life, personal safety and freedom.

It is important to point out that Mr. Assange has made the decision to request asylum and protection from Ecuador because of the accusations that, according to him, have been formulated for supposed "espionage and betrayal" with which the citizen exposes the fear he feels about the possibility of being surrendered to the United States authorities by the British, Swedish or Australian authorities, thus it is a country, says Mr. Assange, that persecutes him because of the disclosure of compromising information for the United States Government. He equally manifests, being "victim of a persecution in different countries, which derives not only from his ideas and actions, but from his work by publishing information compromising the powerful ones, by publishing the truth and, with that, unveiling the corruption and serious human rights abuses of citizens around the world".

Therefore, for the requester, the imputation of politic felonies is what backs up his request for asylum, thus in his criteria, he faces a situation that means to him an imminent danger which he cannot resist. With the purpose of explaining the fear he has of a possible political persecution, and that this possibility ends up turning into a situation of impairment and violation of his rights, with risk for his integrity, personal security and freedom, the Government of Ecuador considered the following:

1. That Julian Assange is a communication professional internationally awarded for his struggle on freedom of expression, freedom of press and human rights in general;

2. That Mr. Assange shared with the global population privileged documented information that was generated by different sources, and that affected officials, countries and organizations;

3. That there are serious indications of retaliation by the country or countries that produced the information disclosed by Mr. Assange, retaliation that can put at risk his safety, integrity and even his life;

4. That, despite the diplomatic efforts carried out by the Ecuadorian State, the countries from which guarantees have been requested to protect the life and safety of Mr. Assange, have denied to provide them;

5. That, there is a certainty of the Ecuadorian authorities that an extradition to a third country outside the European Union is feasible without the proper guarantees for his safety and personal integrity;

6. That the judicial evidence shows clearly that, given an extradition to the United States, Mr. Assange would not have a fair trial, he could be judge by a special or military court, and it is not unlikely that he would receive a cruel and demeaning treatment and he would be condemned to a life sentence or the death penalty, which would not respect his human rights;

7. That, even when indeed Mr. Assange has to respond to the investigation open in Sweden, Ecuador is aware that the Swedish prosecutor's office has had a contradictory attitude that prevented Mr. Assange from the total exercise of the legitimate right to defense;

---

[151] http://www.mmrree.gob.ec/eng/2012/com042.asp.

8. That Ecuador is convinced that the procedural rights of Mr. Assange have been infringed during that investigation;

9. That Ecuador has verify that Mr. Assange does not count with the adequate protection and help that he should receive from the State of which he is a citizen;

10. That, according to several public statements and diplomatic communications made by officials from Great Britain, Sweden and the United States, it is deduced that those governments would not respect the international conventions and treaties and would give priority to internal laws of secondary hierarchy, contravening explicit norms of universal application; and,

11. That, if Mr. Assange is reduced to preventive prison in Sweden (as it is usual in that country), it would initiate a chain of events that will prevent the adoption of preventive measures to avoid his extradition to a third country.

Accordingly, the Ecuadorian Government considers that these arguments back up Julian Assange's fears, thus he can be a victim of political persecution, as a consequence of his determined defense to freedom of expression and freedom of press, as well as his position of condemn to the abuses that the power infers in different countries, aspects that make Mr. Assange think that, in any given moment, a situation may come where his life, safety or personal integrity will be in danger. This fear has leaded him to exercise his human right of seeking and receiving asylum in the Embassy of Ecuador in the United Kingdom.

Article 41 of the Constitution of the Republic of Ecuador defines clearly the right to grant asylum. Regarding those dispositions, the rights to asylum and shelter are fully recognized, according to the law and international human rights instruments. According to such constitutional norm: "People who are in a situation of asylum and shelter will enjoy special protection that guarantees the full exercise of their rights. The State will respect and guarantee the principle of no return, aside from the humanitarian and judicial emergency assistance".

Moreover, the right to asylum is recognized in the Article 4.7 of the Organic Law of Foreign Service of 2006, which determines the faculty of the Ministry of Foreign Affairs, Trade and Integration of Ecuador to know the cases of diplomatic asylum, according to the laws, the treaties, the rights and the international practice.

It is important to outline that our country has outstood over the last years for welcoming a huge number of people who have requested territorial asylum or refuge, respecting with no restriction the principle of no return and no discrimination, while adopting measures towards granting the refugee status in an efficient way, bearing in mind the circumstances of the requesters, most of them Colombians escaping the armed conflict in their country. The High Commissioner of the United Nations for Refugees has praised Ecuador's refugee policy, and has highlighted the meaningful fact that these people have not been confined to refugee camps in this country, but they are integrated to society, in full enjoyment of their human rights and guarantees.

Ecuador states the right to asylum in the universal brochure of human rights and believes, therefore, that the effective application of this right requires the international cooperation that our countries can provide, without which its enouncement would be unfruitful, and the institution would be completely ineffective. For these reasons, and bearing in mind the obligation that all the States have assumed to collaborate in the protection and promotion of Human Rights, as it is established in the United Nations Charter, invites the British Government to provide its contingent to reach this purpose.

For those effects, Ecuador has been able to verify, in the course of analysis of the judicial institutions regarding the asylum, that to the confirmation of this right attend fundamental principles of general international law, which because of their importance have universal value and scope, for they are consistent with the general interest of the international community as a whole, and count with the full recognition of all the States. Those principles, which are contemplated in the different international instruments, are the following:

1. The asylum in all its forms is a fundamental human right and creates obligations *erga omnes*, meaning, "for all", the States.

2. The diplomatic asylum, the refuge (territorial asylum), and the right to not being extradited, expulsed, surrendered or transferred, are comparable human rights, thus they are based on the same principles of human protection: no return and no discrimination with no distinction of unfavorable character for reasons of race, color, sex, language, religion or belief, political or other type of opinions, national or social origin, birth or other condition or similar criteria.

3. All these forms of protection are ruled by the *pro homine* principles (meaning, most favorable to the human being), equality, universality, indivisibility, complementarity, and inter dependency.

4. The protection is produced when the State which grants the asylum, refuge or requested, or the protective potency, considers that there is a risk or fear that the protected person may be a victim of political persecution, or are charged with political felonies.

5. It corresponds to the State which grants the asylum to qualify the causes of asylum and, in the case of extradition, to value the evidences.

6. Regardless of the modality or form in which it is presented, the asylum has always the same cause and the same legal object, meaning, political persecution, which is a legal cause; and to safe guard the life, personal safety and freedom of the protected person which is a legal object.

7. The right to asylum is a fundamental human right; therefore, it belongs to the *ius cogens*, meaning, the system of imperative norms of right recognized by the international community as a whole, which does not admit a contrary agreement, annulling the treaties and dispositions of international law against it.

8. In the unforeseen cases on the law in force, the human being is under the safe guard of the humanity principles and the demands of the public conscience or under the protection and empire of the principles of the law of people derived from the established uses, of the humanity principles and the dictates of the public conscience.

9. The lack of international convention or internal legislation of the States cannot be legitimately claimed to limit, impinge or deny the right to asylum.

10. The norms and principles that rule the rights to asylum, refuge, no extradition, no surrender, no expulsion and no transference are convergent, to the necessary extent to perfect the protection and providing it with the most efficiency. In this sense, the international bill of human rights, the right to asylum and refuge and the humanitarian law are complementary.

11. The rights of protection to the human being are based on ethical principles and values universally admitted and, therefore, they have a humanitarian, social, solidarity, assistant and pacific character.

12. All the States have the duty to promote the progressive development of the international bill of human rights through effective national and international laws.

Ecuador considers that the right applicable to Mr. Julian Assange's case is integrated by the whole principles, norms, mechanisms and procedures foreseen on the international instruments of human rights (regional or universal), which contemplate among their dispositions the right to seek, receive and enjoy asylum for political reasons; the Conventions that regulate the right to asylum and the right of refugees, and that recognize the right to not be surrendered, returned or expulsed when there are founded fears of political persecution; the Conventions that regulate extradition and that recognize the right to not be extradited when this measure can mask political persecution; and the Conventions that regulate the humanitarian right, and that recognize the right not to be transferred when there is a risk of political persecution. All these modalities of asylum and international protection are justified by the need to protect this person of an eventual political persecution, or a possible imputation of political felonies and/ or felonies connected to these last ones, which, to Ecuador's judgment, not only would put at risk the life of Mr. Assange, but would also represent a serious injustice committed against him.

It is undeniable that the States, having contracted with so numerous and substantive international instruments- many of them judicially binding- the obligation to provide protection or asylum to people persecuted for political reasons, have expressed their will to establish a judicial institution of protection of human rights and fundamental freedoms, founded as a right in a generally accepted practice, which gives those obligations an imperative character, *erga omnes* that, being bonded to respect, protection and progressive development of human rights and fundamental freedoms, are a part of the *ius cogens*. Some of those instruments are mentioned bellow:

1. United Nations Charter of 1945, Purposes and Principles of the United Nations: obligation of all the members to cooperate in the promotion and protection of human rights;

2. Universal Declaration of Human Rights of 1948: the right to seek and enjoy asylum in any country, for political reasons (Article 14);

3. American Declaration of the Rights and Duties of Man of 1948: the right to seek and enjoy asylum in any country, for political reasons (Article 27);

4. Geneva Convention of August 12, 1949, regarding the Due Protection of Civilians in War Times: in no case it is due to transfer the protected person to a country where they can fear persecutions because of their political opinions (Article 45);

5. Convention on the Refugees Statute of 1951, and its New York Protocol of 1967: forbids to return or expulse refugees to countries where their life and freedom may be in danger (Article 33.1);

6. Convention on Diplomatic Asylum of 1954: the State has the right to grant asylum and to qualify the nature of the felony or reasons of persecution (Article 4);

7. Convention on Territorial Asylum of 1954: the State has the right to admit in its territory people it judges convenient (Article 1), when they are persecuted for their beliefs, opinions or political filiations, or by actions that may be considered political felonies (Article 2), not being able the asylum granting State, to return or expulsed the asylum seeker that is persecuted for political reasons or felonies (Article 3); in the same way, the extradition does not proceed when it is about people who, according to the required State, are persecuted for political felonies, or for common felonies that are committed with political purposes, nor when the extradition is requested obeying political motives (Article 4);

8. European Extradition Treaty of 1957: forbids the extradition if the requested Part considers that the felony imputed has a political character (Article 3.1);

9. 2312 Declaration on Territorial Asylum of 1967: establishes the granting of asylum to the people that have such right according to Article 14 of the Universal Declaration of Human Rights, including people who fight against colonialism (Article 1.1). The denial of admission, expulsion or return to any State where they can be object of persecution is forbidden (Article 3.1);

10. Vienna Convention on the Law of the Treaties of 1969: establishes that the norms and imperative principles of general international right do not admit a contrary agreement, being null the treaty that at the moment of its conclusion enters in conflict with one of these norms (Article 53), if a peremptory norm of the same character arises, every existent treaty that enters in conflict with that norm is null and ended (Article 64). As far as the application of these articles, the Convention authorizes the States to demand their accomplishment before the International Court of Justice, with no requisition of conformity by the demanded State, accepting the tribunal's jurisdiction (Article 66 b). The human rights are norms of the *ius cogens*.

11. American Convention on Human Rights of 1969: the right to seek and receive asylum for political reasons (Article 22. 7);

12. European Convention on the Suppression of Terrorism of 1977: the required State has the faculty to deny extradition when there is danger of persecution or punishment of the person for their political opinions (Article 5);

13. Inter American Convention for Extradition of 1981: the extradition does not proceed when the requested has been judge or condemned, or is going to be judge before an exception tribunal or ad hoc in the required State (Article 4.3); when, with arrangement to the qualification of the required State, it deals with political felonies, or connected felonies or common felonies persecuted with political purposes; when from the case's circumstances, can be inferred that the persecuted purposes is mediated for considerations of race, religion or nationality, or that the situation of the person is at risk of being aggravated for one of those reasons (Article 4.5). The Article 6 disposes, regarding the Right to Asylum, that "none of the exposed in the present Convention may be interpreted as a limitation to the right to asylum, when this proceeds".

14. African Charter on Human and Peoples' Rights of 1981: the right of the persecuted individual to seek and obtain asylum in other countries (Article 12.3);

15. Cartagena Declaration of 1984: recognizes the right to refuge, to not being rejected in the borders and to not being returned;

16. Charter of Fundamental Rights of the European Union of 2000: establishes the right to diplomatic and consular protection. Every citizen of the Union may seek refuge, in the territory of a third country, in which the Member State of nationality is not represented, to the protection of diplomatic and consular authorities of any member State, in the same conditions of the nationals of that State (Article 46).

The Government of Ecuador considers important to outline that the norms and principles recognized in the international instruments mentioned, and in other multi lateral treaties, have preeminence over the internal laws of the States, thus such treaties are based in a universally oriented normative by intangible principles, from which a greater respect is derived, guarantee and protection of human rights against unilateral attitudes of the same States. This would subtract efficiency to the international law, which otherwise has to be strengthen, so the respect of fundamental rights is consolidated in function of integration and ecumenical character.

On the other hand, since Julian Assange requested political asylum to Ecuador, dialogues of high diplomatic level have been held, with the United Kingdom, Sweden and the United States.

In the course of these conversations, our country has appealed to obtain from the United Kingdom the strictest guarantees so Julian Assange faces, with no obstacles, the judicial process open in Sweden. Such guarantees include that, once treated his legal responsibilities in Sweden, he would not be extradited to a third country; this is, the guarantee that the specialty figure will not be applied. Unfortunately, and despite the repeated exchanges of texts, the United Kingdom never gave proof of wanting to achieve political compromises, limiting to repeat the content of the legal texts.

Julian Assange's lawyers requested the Swedish justice to take statements of Julian Assange in the premises of the Ecuadorian Embassy in London. Ecuador translated officially to the Swedish authorities its will to facilitate this interview with the purpose of not intervening or obstacle the judicial process that is carried out in Sweden. This is a perfectly legal and possible measure. Sweden did not accept it.

On the other hand, Ecuador searched the possibility that the Swedish Government would establish guarantees to avoid the onward extradition of Assange to the United States. Again, the Swedish Government rejected any commitment on that sense.

Finally, Ecuador directed a communication to the Government of the United States to know officially its position on the Assange's case. The consults referred to the following:

1. If there is a legal process in course or the intention to carry out such process against Julian Assange and/ or the founders of the Wikileaks organization;

2. In the case of the above being truth, what kind of legislation, in which conditions and under which maximum penalties would those people be subjected;

3. If there is the intention of requesting the extradition of Julian Assange to the United States.

The answer of the United States has been that they cannot offer information on the Assange's case, with the allegation that it is a bilateral matter between Ecuador and the United Kingdom.

With these antecedents, the Government of Ecuador, faithful to its tradition to protect those who seek shelter in its territory or in the premises of its diplomatic missions, has decided to grant diplomatic asylum to the citizen Julian Assange, on the basis of the request presented to the President of the Republic, through a written communication dated in London on June 19, 2012, and complemented by a communication dated in London on June 25, 2012, for which the Ecuadorian Government, after carrying out a fair and objective assessment of the situation exposed by Mr. Assange, attending his own sayings and argumentations, intakes the requester's fears, and assumes that there are indications that allow to assume that there may be a political persecution, or that such persecution may be produced if the opportune and necessary measures are not taken to avoid it.

The Government of Ecuador has the certainty that the British Government will know how to value the justice and rectitude of the Ecuadorian position, and in consistency with these arguments, trusts that the United Kingdom will offer as soon as possible the guarantees or safe conducts necessaries and pertinent to the situation of the asylum requester, so their Governments can honor with their actions the fidelity they owe to the international laws and institutions that both nations have contribute to shape along their common history.

It also trusts to maintain inalterable the excellent bonds of friendship and mutual respect that unite Ecuador and the United Kingdom and their respective people, confident as they are in the promotion and defense of the same principles and values, and because they share similar concerns about democracy, peace, Good Living, which can only be possible if the fundamental rights of all people are respected.

NEWS RELEASE No. 042